カルネヤ流 肉の魅力を引き出すアイデアと技術。
下処理、火入れ、熟成肉まで

イタリア肉料理
の発想と組み立て

<small>カルネヤ オーナーシェフ</small>
高山いさ己

誠文堂新光社

目次 Contents

005　第 1 章　肉の科学と知識
　　　　　＋高山流・肉の掟

- 006　**美味しい肉の科学**
  肉の「美味しさ」や「うま味」とは?
  動物の種類によって、肉の性質はどう違う?
  調理方法の違いによって、肉の変化はどう異なる?
  肉を加熱する前に調味料に浸けるとどんな変化が?
  肉の熟成とは?

- 018　**美味しい肉の知識**
  牛／豚／羊／鶏・鴨

- 024　**高山流・肉の掟**

029　第 2 章　和牛

- 030　調理の考え方と方向性
- 031　**下処理** ランイチ／生食用の肉
- 036　**イチボの塩麹アロゼ**
- 042　**チョップトステーキ**
- 048　**炙りカルパッチョ**
- 051　**タルタルステーキ**（カルネクルーダ）

055　第 3 章　熟成牛（Dry Aged Beef）

- 056　調理の考え方と方向性
- 057　**下処理** 骨付きロース
- 060　**骨付きローストビーフ**
- 066　**Lボーン炭火ステーキ**

- 072　厚切りステーキ
- 078　香草パン粉焼き
- 084　クリームシチュー（フリカッセア）

089　第4章　羊

- 090　調理の考え方と方向性
- 091　下処理　仔羊の脚肉
- 094　ワイン漬けラムラックの炭火焼き
- 100　仔羊モモ肉の煮込み
- 106　仔羊スネ肉の蒸し焼き（スティンコ）

110　第5章　豚

- 111　調理の考え方と方向性
- 112　豚ロースのアリスタ
- 120　骨付きレモンカツレツ
- 126　豚肩ロースのサフラン煮
- 132　豚肩ロースのディル焼き

137　第6章　鶏・鴨

- 138　調理の考え方と方向性
- 139　下処理　鶏の「ヌキ」
- 140　ピカタ風キャセロール（カッセラウラ）
- 148　鶏の海水煮
- 152　鴨のソテー　煮干しとカカオの香り

159 第7章 内臓（モツ）
- 160 調理の考え方と方向性
- 161 下処理 牛トリッパ／牛タン
- 164 揚げトリッパ
- 168 トリッパの白煮
- 172 牛タンの煮込み（ボリート）
- 176 鶏レバーペースト

181 第8章 肉パスタ
- 182 ラグーソースのタリアテッレ
- 187 コラム ヘットについて
- 188 グアンチャーレ（塩漬け豚頬肉）のカルボナーラ
- 192 煮豚の包みパスタ（アニョロッティ・ダル・プリン）

197 情報編
- 198 高山いさ己 ミニヒストリー
- 202 キラーメニュー開発室
- 205 肉と食材の仕入れ先リスト
- 206 あとがき

この本の表記と調味料について
- レシピ中の「EVO」は「エクストラバージンオリーブオイル」の略。
- 塩は、シチリアとマルドンの海塩と、シチリアの岩塩を使用。オリーブオイルはトスカーナ産、リグーリア産、シチリア産を使用している。
- 「調味料の量は、味の好みや飲んでいるワインなどによって微調整を。まずはレシピ通り作ってみてから、臨機応変に加減するとよい」（高山氏）。

第 1 章

肉の科学と知識
＋高山流・肉の掟

美味しい肉の科学

肉の性質を知り、適切な調理で「美味しさ」を引き出す

解説：松石昌典

日本獣医生命科学大学 食品化学教室 教授。食品、特に食肉の美味しさの原因解明をライフワークとしている。食肉の複雑な世界に魅せられて研究を行っているが、原点は食肉を食べることが大変好きなことにある。著書は『肉の機能と科学』（共著、執筆担当「食肉のおいしさと熟成」、朝倉書店、2015年）ほか。

美味しい肉料理を作るうえで、
料理の技法やスキル以外にも必要なことがある。
食肉の組織の構造や性質を正しく理解し、適切な調理を行うことだ。
肉の調理に関する「よくある質問」について、
わかりやすいQ&A形式にまとめ、食肉科学の専門家である
松石昌典氏（日本獣医生命科学大学 食品化学教室 教授）に解説してもらった。

Q1 肉の「美味しさ」や「うま味」とは何ですか？

A 「肉のうま味」（科学的には「風味」）とは、**うま味物質**（グルタミン酸やイノシン酸など）＋**脂肪の食感と味**＋**口中香**（肉の香気物質が鼻に抜けるときに感じる香り）。
霜降り肉（黒毛和牛など）では、**脂肪の食感と味**による美味しさが強く感じられます。**赤身肉**（短角牛など）では、**うま味物質**による美味しさが強く感じられます。

解説 一般に食肉の「うま味」と呼ばれているものは、基本味の「うま味」、「脂肪の食感と味」、「口中香」（食肉の、香りを持つ物質が鼻に抜けるときに感じる香り）が複合して感じられる感覚であると考えられる。したがって、科学的には「風味」というのが正しい。各要素は以下のような特徴を持っている。

▶ うま味

風味のうち「うま味」は、舌で感じられる5つの基本味のひとつ（他に「酸味」「甘味」「塩味」「苦味」がある）であり、うま味物質（グルタミン酸やイノシン酸など）が、舌の味細胞の「味センサー」に結合して感じられる感覚である。

グルタミン酸は、生きているときの筋肉中にも元々バラバラの状態で存在するが、と畜後の熟成でタンパク質が分解されて新たに生じるため増加していく。

一方、イノシン酸は、と畜後に筋肉の収縮・弛緩に必要なエネルギー物質（ATP、アデノシン-5'-トリリン酸）が分解されて生じる物質である。その量は、と畜後3日ほどでピークを迎え、その後ゆっくり減少していく（p.16 図7）。

グルタミン酸とイノシン酸は、混ざり合うとうま味を強めあう相乗作用を持つため（p.16 図8）、

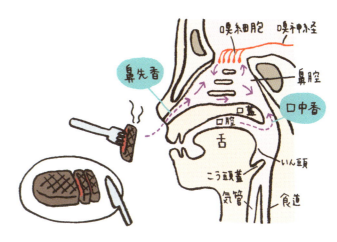

図1：鼻先香と口中香

少量でも肉のうま味を構成している。

▶ 脂肪の食感と味

脂肪の食感は、食肉を口に含んだときに、舌の表面の触覚で感じる口溶けやなめらかさである。脂肪の味は5つの基本味（「うま味」「酸味」「甘味」「塩味」「苦味」）とは別の、「第6の味」と呼ばれている（ただしこの味は、甘い口中香あるいは脂肪の食感によってもたらされている感覚であるという考え方もある）。

黒毛和牛のような霜降り肉は、30〜50％の脂肪を含むため、基本味のうま味物質による「うま味」に加えて、脂肪に由来する甘い「口中香」や、なめらかな「脂肪の食感」あるいは「脂肪の味」を感じることになるので、非常に複雑な甘さを含んだ風味となる。

一方、短角牛のようにほとんど赤身で5％以下の脂肪しか含まない肉では、脂肪由来の香り、食感、味は弱いため、うま味物質による「うま味」を強く感じることになる。また、焼き肉にした場合には、脂肪由来の香りが少ないため、香ばしい香りのほうが勝ることになる。こうした味と香りの複合により、黒毛和牛とは別の風味になっていると考えられる。

▶ 口中香

食肉の「口中香」は図1に示したように、食肉を口の中で咀嚼した場合、香りを持つ物質（香気物質）がいん頭を通って鼻腔に抜けるときに、嗅細胞のにおいセンサーに結合して「口内であるかのように」感じる感覚である。

口中香は、食肉の味と混同されやすいが、鼻孔を手でつまんで閉じたときに感じられなくなるので、舌で感じる味とは別物である。一般に、「牛肉の味」や「鶏肉の味」は異なるように感じられるが、舌で感じる味には差はなく、この口中香が動物ごとに異なっている。

食肉の口中香は、肉様の香りを持つ硫黄を含む化合物、甘い香りを持つラクトン類、香ばしい香りを持つピラジン類などの複数の化合物群によって構成されている。これらの化合物群の組み合わせによって、「牛肉らしい口中香」や「鶏肉らしい口中香」になる。

これに対して、**鼻先で感じられる、日常的に「香り」と称している感覚が「鼻先香」**である。鼻先香は焼きたてのステーキから立ち上る香りや、花の香りのように、鼻先にある香気物質が鼻孔から鼻腔に入り、嗅細胞のにおいセンサーに結合して感じられる感覚である。

Q2 牛、羊、豚、鳥など動物の種類によって、肉の性質はどう違いますか？

A 動物の種類によって、**肉の「結合組織の厚さ」、つまり肉の硬さ**が異なります。
また**脂肪の含量**も違うため、**加熱による食感の変わり方**も異なります。

解説 肉の組織構造には、動物の種類による大きな違いはないが、動物種ごとに異なる肉の結合組織の厚さ（量）が異なるため、食肉の「硬さ」が異なる。

▶ 結合組織の厚さの違い

筋肉、その中に詰まっている筋線維（筋細胞）、さらにその筋線維の中に詰まっている筋原線維の構造を、図2に示した。筋原線維は太い線維と細い線維から構成されている。太い線維はミオシンというタンパク質が集合して形成し、細い線維はアクチンというタンパク質が集合して形成する。生体ではATP（アデノシン三リン酸）のエネルギーを使って太い線維と細い線維（つまりミオシンとアクチン）が結合したり離れたりすることで筋肉の収縮が起こる。なお、アクチンとミオシンが死後に結合したまま動かなくなったものはアクトミオシンと呼ばれる。

こうした一連の構造には、動物種による大きな違いはない。違いがあるのはこれらを包む筋上

図2：筋肉、筋線維、筋原線維の構造

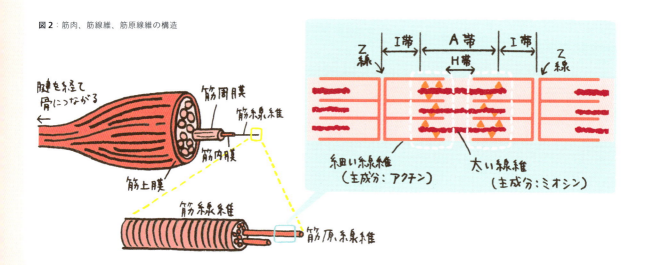

膜、筋周膜、筋内膜などの結合組織の厚さ（量）である。

　結合組織の厚さ（量）の違いは、筋肉の量つまり体の大きさにおおむね比例する。式で表すと、牛＞豚＝羊＞鴨＝鶏となる。これは、より大きな体を支えるために結合組織が丈夫にできているからだと考えられる。食肉の硬さも同じような大小関係になる。つまり、筋肉の量が食肉の食感を生み出すといえる。

▶ ミオグロビン（色素タンパク質）量の違い

　食肉は一般的に「レッドミート（赤身肉）」と「ホワイトミート（白身肉）」に大きく区別されるが、赤身肉（red meat）は、牛肉、豚肉、羊肉、鴨肉のように、見た目で赤味が強い肉のことをいう。これに対して白身肉（white meat）は、赤味の少ない鶏肉のことをいう（日本語では食肉に対して「白身肉」という言葉はあまり使われない）。

　これらの色の違いは、食肉に含まれる「ミオグロビン」という色素タンパク質の量の違いが原因である。ミオグロビンの多い肉が赤身肉といえるが、両方の肉を分けるミオグロビン量の明確な基準はない。

▶ 脂肪含量の違い

　この他、食肉の食感に影響を与えるものには脂肪含量がある。脂肪含量は動物の種類によっても異なるが、同じ種の動物でも品種によって異なる（表1）。

　牛の脂肪含量の多さは、和牛の赤肉＞乳用肥育牛＞輸入牛肉となっている。これは、赤肉の霜降りになりやすさに品種による差があるためであり、和牛が最も霜降りになりやすく、輸入牛肉が最も霜降りになりにくい。

　赤肉で比較すると、牛と豚の脂肪含量は大きくは違わない。羊の脂肪含量は、牛や豚の赤肉より高いが、これは脂身まで入っているためで、脂身のない赤肉だけであれば牛や豚と大差ないと考えられる。

　牛、豚、羊と比較すると、真鴨とアヒルなど鳥類の脂肪含量は低い。鶏のむね肉とささみはさらに低い。鶏のももの脂肪含量が他の部位より高いのは、筋肉の膜（結合組織）がたくさん入っていて、そこに脂肪が含まれているためと考えられる。

　脂肪含量の違いは、食肉を加熱したときのタンパク質の変性（構造の変化）による「食感の違い」につながる（p.10 A3参照）。変性したタンパク質の表面は、疎水性（水を寄せ付けない性質）で水分が少ない。タンパク質の表面に脂肪があれば、疎水性の表面を覆ってくれるためになめらかな食感になるが、脂肪が少ないとパサついた食感になる。このため、他の食肉より脂肪含量が低い鶏のむね肉やささみは、加熱後にパサついた食感になりやすい。

表1：各種食肉の脂肪含量

畜種・品種等・部位等	脂肪含量(%)
牛・和牛・サーロイン赤肉	25.8
牛・乳用肥育牛・サーロイン赤肉	9.1
牛・輸入牛・サーロイン赤肉	4.4
豚・大型種肉・ロース赤肉	5.6
羊・マトン・ロース脂身つき	13.4
真鴨・皮なし	3.0
アヒル・皮なし	2.2
鶏・若鶏肉・むね皮なし	1.9
鶏・若鶏肉・もも皮なし	5.0
鶏・若鶏肉・ささみ	0.8

※日本食品標準成分表2015年版（7訂）より引用

Q3

煮る・焼く・余熱など
調理方法の違いによって、
肉の変化の仕方は
どう異なりますか?
また、安全で衛生的な
肉料理を提供するために、
加熱時に留意すべきことは?

A 調理方法による**加熱時の温度**と**水分量**の違いが、発生する「芳香物質」や「タンパク質の変性」の違いを生み、それが肉の「香りや食感の違い」になります。
肉に付いた病原性微生物を死滅させるためには、**75℃以上で1分間以上加熱すること**が必要です。

解説

▶ 肉の「香り」の変化の違い

食肉を、網や鉄板での焼き肉やステーキなど、水分の少ない状態で100℃以上の高温で加熱する(焼く)調理をすると、香ばしい「焙焼香」を形成する。これは、アミノ酸と糖による反応の「アミノカルボニル反応」(メイラード反応とも呼ばれる)によって、加熱した食品が褐色になり(焼き色が付き)、また、この反応の生産物とアミノ酸がさらに反応して分解する「ストレッカー分解」によりピラジン類(p.7 A1参照)が生じることにより形成される香りである。

一方、和牛肉のすき焼きやしゃぶしゃぶなど、100℃以下の低温の(煮る)調理法では、甘いコクのある「和牛香」が形成される。この調理法では、「焼く」調理法と違ってピラジン類の生成量は少なく、逆に、アミノカルボニル反応で生じた含硫化合物や脂肪の加熱酸化で生じたラクトン類による香りが比較的強く感じられるようになり、煮た肉特有の甘い香りになる。

従来日本人が、特にすき焼きやしゃぶしゃぶで食するときに輸入牛肉より和牛肉を好んできた理由のひとつが、この甘いコクのある和牛香である。

▶ 肉の「食感」の変化の違い

強火で加熱することで食肉の温度上昇が急すぎる場合、結合組織のコラーゲンの収縮が大きく、筋原線維タンパク質は激しく急速に変性して、凝集し硬くなる。このとき水分が絞り出されて失われるためにパサついた食感を与える(図3)。

他方、高温でも煮込み料理のように水分の多い状態で長時間加熱したときには、一旦収縮した結合組織のコラーゲンの構造が壊されてゼラチン化し溶解するため、筋肉の線維がほぐれてやわらか

くなる。

　肉を弱火でゆっくり加熱したり余熱で加熱したりすると、タンパク質の変性は緩やかに進行するため、水を含んだ構造になる。こうした肉はやわらかく、ジューシーになる。

　また「真空調理」の場合は、50〜60℃の温度帯をゆっくり通過するため、肉に含まれているタンパク質分解酵素（プロテイナーゼ）によってタンパク質が分解されてやわらかくなると同時に、ペプチドが生成されてコクが出ると考えられている。

▶ **食肉を安全に提供するための加熱**

　食肉の加熱による安全性の確保のためには、適切な温度と加熱時間が必要である。

　食肉の塊の表面や挽き肉の中の病原性微生物を殺すためには、75℃で1分間以上加熱しなければならない。

　他方、ローストビーフのように包丁の入らない塊肉の場合には、その内部に**病原性微生物が入ることはないため、これより低い温度の65℃で30分間の加熱でも大丈夫**である。なお、タルタルステーキなどの生肉料理用に、食肉卸業者が処理（表面の加熱後に真空パックなど）を行った生食用食肉であれば、加熱せずに提供してもよい。

　「**熟成肉**」のように表面にカビが付いている食肉の場合、カビの中には加熱しても無害にはならない毒素を出すものがあるので、**トリミングしてカビを残らず除去することが望ましい**。ただし、トリミング後にごく少量のカビが残ってしまった場合も、大量でなく通常の量を食べるのであれば、十分に加熱すれば問題はない。

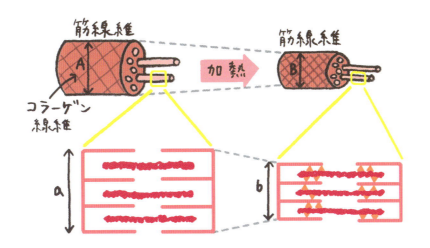

図3：食肉を加熱したときの筋線維と筋原線維の変化
結合組織（筋線維）のコラーゲンが収縮すると（A→B）、筋原線維タンパク質も凝集して（a→b）、硬くなる。

Q4 肉を加熱する前に塩、油などの調味料に漬け込むと、肉の内部にどのような変化がありますか?

A **塩**:加熱までの時間により浸透圧の作用で、水っぽくなる場合とジューシーになる場合があります。
油:肉の表面をコーティングして水分を保ちつつ肉の内部に吸収され、嚙んだときにジューシーさを感じさせます。
塩麴やワイン:タンパク質分解酵素の働きにより、肉がやわらかくジューシーになります。

解説 ▶ 塩による肉組織の変化

肉を焼くときに塩を振るタイミングについては2種類ある。塩を振ってからしばらく放置して焼く(先塩)か、肉を焼いて仕上がり直前に塩を振るか(後塩)である。

肉を焼く前に塩を振るやり方の場合、塩を振ってからの時間によってどのような変化があるのか調べた例がある(J.ケンジ・ロペス＝アルト、ザ・フード・ラボ、岩崎書店、pp.289-290、2017)。

それによると、肉の表面に塩が付着すると水と引き合う性質が強いため、筋細胞内から水分を引き寄せる(図4)。しかも、その水分によって塩が溶けても、生じた塩溶液の塩分濃度は、最初のうちは筋細胞内の塩分濃度より高いために、浸透圧の差で水分がさらに染み出してくる。この状態で肉を焼くと、水分が肉の中に保持されず水っぽい肉になる。

しかし、40分以上放置すると、一度染み出した水分が肉の中に再吸収されるという。これは、肉

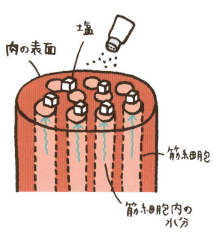

図4:塩による水分の染み出し

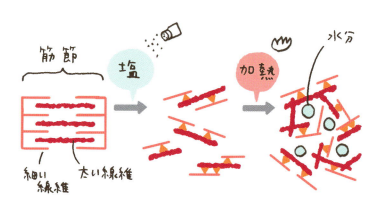

図5:塩と加熱による網目状構造の形成

表面に生じた塩溶液中の塩の一部が肉の中に拡散し、それによって筋細胞内のアクトミオシンが溶解されて、今度は筋細胞内のほうの浸透圧が高くなり、水分が再吸収されるからである。このとき、塩分も一緒に肉の中に吸収されることになり、肉の内部まで塩味がしっかりと付くことになる。この状態で肉を加熱した場合には、溶解したアクトミオシンによって水分を含んだ網目状の構造（図5）ができ、ジューシーな肉になる。

▶ 油による肉組織の変化

　油については、肉を焼く前にオリーブオイルなどのオイルに漬けて揉み込むとジューシーな肉になるとされている。オイルなしで肉を焼くと、タンパク質が変性して疎水性（水を寄せつけない）の部分が表面に露出する。この部分には水分が保持されないため、パサついた食感になる。しかし、オイルを揉み込んであると肉の表面をオイルが覆い、しかも肉の内部に保持された水分の漏れを防ぐため、ジューシーさを感じるようになる（図6）。また、揉み込まれたオリーブオイル自身も肉を咀嚼したときに流れ出して滑らかな食感になるため、ジューシーさが増すと考えられる。

▶ 塩麹による肉組織の変化

　肉を塩麹に漬けると、麹菌の出す「タンパク質分解酵素」により、肉の筋原線維の構造がゆるくなる。ゆるんだ線維の隙間に水分がより多く含まれるようになることで、肉がジューシーになると考えられる。

▶ ワインによる肉組織の変化

　筋肉の中にある「タンパク質分解酵素」は酸性の環境でよく働く性質がある。肉を酸性のワインに漬けると、この酵素が活性化される。活性化したタンパク質分解酵素が結合組織を分解して肉がやわらかくなり、筋原線維の構造をゆるめるためにジューシーになると考えられる。

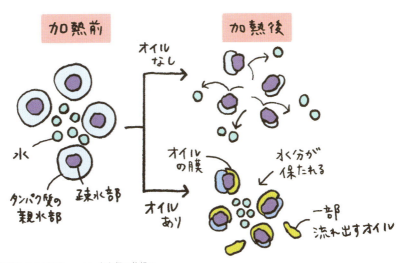

図6：オイルでジューシーさを保つ仕組み

Q5 「熟成」させると、肉はどう変化しますか（腐敗との違いは）？また、肉の熟成にはどのような方法がありますか？

A 食肉の熟成とは、肉の成分・構造に以下の変化が生じて、味が向上すること。

・タンパク質が分解され、筋原線維の構造がゆるんで**やわらかく**なる。
・線維の隙間に水分がより多く含まれるようになり**ジューシー**になる。
・タンパク質の分解によりアミノ酸が増加して**うま味が増える**。
・種々の揮発性物質が生成されることで**熟成香**が生じる。

これらは「微生物による」食肉の変質（腐敗）とは異なります。
肉の熟成方法は、**ドライエイジング**と**ウェットエイジング**に二分されます。

解説 ▶ 肉の熟成（軟化・保水性の回復）

牛などの家畜をと畜すると、その直後の筋肉はやわらかいが、次第に硬くなっていく。そのプロセスは以下のように説明される。

呼吸が止まって酸素の供給がなくなると、筋肉細胞の中でエネルギーのもとであるATPを合成できなくなる。また、酸素なしでエネルギーを作る解糖系と呼ばれる反応の進行により乳酸が蓄積し、筋肉のpHが低下する（最後にはこのpH低下で解糖系も止まる）。その結果、筋肉中でアクチンとミオシンの相互作用を妨害していた因子がはずれて、アクチンとミオシンが結合し、残った

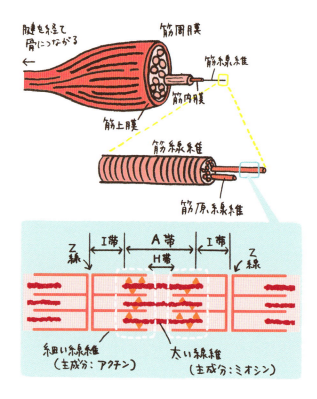

図2：筋肉、筋線維、筋原線維の構造（再掲）

ATPを使って一度限りの収縮が起こる。これがいわゆる「死後硬直」である。

牛肉では最も硬くなるのは、と畜後24～48時間とされている。死後硬直中の筋肉は加熱して食べると、硬く、保水性が低く（食べてもジューシーさがない）、風味も乏しい。

肉の軟化の多くの部分は、細胞内プロテイナーゼ（細胞の中に存在するタンパク質分解酵素）により、筋肉のZ線（図2 参照）と呼ばれる構造や太い線維と細い線維を支えているタンパク質（コネクチンとデスミンなど）が破壊されて起こると考えられている。保水性の向上も、これらの構造の破壊と関連すると考えられている。つまり、これらのタンパク質の分解により、筋原線維の構造がゆるくなり、細い線維や太い線維の隙間に水分がより多く含まれるようになり（保水力の回復）、ジューシーになるのである。

他には、死後硬直で生成したアクトミオシンをイノシン酸がアクチンとミオシンに解離させることも、構造をゆるめることにつながると考えられている。

▶ **肉の熟成方法❶**
ドライエイジング

熟成を「空気下の」枝肉や部分肉で行う方法は、ドライエイジング（dry aging）と呼ばれる。

日本では古くから、1頭～半頭分の枝肉や大きな部分肉（ロースやモモ丸ごと）の和牛肉を、天井からフックでぶら下げて熟成する方法が採られてきた。これらの「枯らし」あるいは「吊るし」と呼ばれる方法は、一部の食肉卸業者などによって続けられてきていた。

また、近年流行しているのは「肉に風を当てる」ドライエイジング法である。多くの場合、熟成肉専用の冷蔵室に枝肉や部分肉を乗せたオープン棚を置き、複数の扇風機を回して常に肉に風を当て、乾燥させながら熟成する。ドライエイジングした肉の表面は、カビが生えたり乾燥して硬くなったりするため、その部分をトリミングにより取り除いて食べることになる。

▶ **肉の熟成方法❷**
ウェットエイジング

部分肉を真空包装し、空気に触れない「真空下」で熟成を行う方法は、「ウェットエイジング」（wet aging）と呼ばれる。

古来、熟成はドライエイジングで行われてきたが、1970年代に真空包装の技術が発達してからは、外部からの微生物汚染と脂質の酸化を防ぎ、保存性を高めるウェットエイジングが圧倒的に多く行われるようになった。

▶ **熟成による味の変化**

味の向上のメカニズムは次の通りである。

軟化にも関わった細胞内プロテイナーゼによって筋肉タンパク質が分解されてペプチド（アミノ酸が数個つながったもの）が生じ、これがさらに細胞内のアミノペプチダーゼによって分解されて、アミノ酸が増加する。これらにより肉様のうま味が増す。

また、ATPは別の酵素によって分解され、うま味を持つイノシン酸（IMP）となる。イノシン酸はさらに分解されてイノシンやヒポキサンチンといった別の化合物に変化する。しかしここで働く酵素の活性が弱いため、イノシン酸の減少の速度は比較的遅い（p.16 図7）。そのため、熟成中に、

グルタミン酸などのアミノ酸との相乗作用（図8）によって、肉のうま味が増すことを下支えする。

なお、ドライエイジングでは「乾燥により味が濃縮される」と言われることが多いが、乾燥により水分が大きく減少するのはトリミングして除かれる表面であり、実際に食べる肉塊の内部の水分はそれほど大きく減少しない。味が濃く感じられるとすれば、上記の細胞内プロテイナーゼと細胞内アミノペプチダーゼによる、ペプチドやアミノ酸の増加が主な原因であると考えられる。

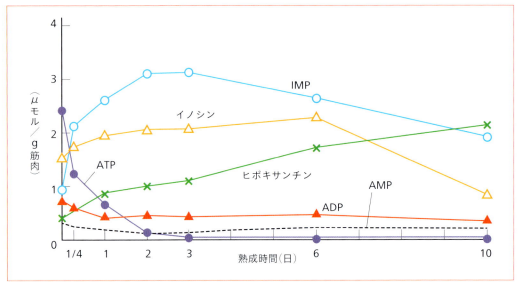

図7：豚筋肉を4℃で熟成したときのATPとその分解物の量の変化
（松石ら編、肉の機能と科学、朝倉書店、p.79、2015年より引用）

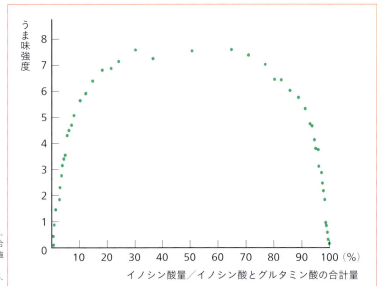

図8：グルタミン酸とイノシン酸の相乗効果
イノシン酸量／イノシン酸とグルタミン酸の合計量×100。グルタミン酸のみの場合（0%）やイノシン酸のみの場合（100%）に比べて、両者が半々のとき（50%）はうま味強度が7〜8倍になる。
（小俣、"美味しさ"と味覚の科学、日本工業新聞社、p.215、1986年より引用）

▶ **熟成による香りの変化**

　香りの向上については、空気下（ドライエイジング）と真空下（ウェットエイジング）とで、次のように様子が異なる。

　真空下（ウェットエイジング）で熟成した肉は生肉の状態のときに、金臭い（かなくさい）においや酸っぱいにおいが感じられることがある。これは、真空包装内の肉の表面で増殖した乳酸菌類などの細菌により、酸類やケトン類などの揮発性化合物が生じたためと考えられる。しかし、この肉を加熱すると、熟成中に酵素によって増加した遊離アミノ酸と糖のアミノカルボニル反応（p.10 A3参照）によって、熟成前よりも多くの揮発性化合物（アルデヒドやピラジンなど）が増加する。これにより、熟成前には弱かった、肉スープ様の香り（煮た肉の香りと似た香り）が、熟成後には好ましい、強いロースト肉様の香りに変化する。

　空気下（ドライエイジング）で熟成した場合、黒毛和牛肉と赤身肉では香りが異なる。

　霜降りの（脂肪交雑した）黒毛和牛肉を空気下で熟成したのちに80℃程度の湯中で加熱すると、和牛香が生じる。

　他方、赤身の多い外国産の牛肉、国産の乳牛肉や日本短角種牛肉に風を当てながらドライエイジングした場合には、生肉の状態で「ナッツ臭」と呼ばれる独特の香りが生じる。この香りは、肉塊の表面でピレイラ・アノマラ（Pilaira anomala）というカビや、デバリオマイセス（Debaryomyces）という酵母等が生産すると考えられているが、この香りを形成する揮発性物質が何であるかは明らかになっていない。

　ナッツ臭は必ずしも万人が好む香りではなく、一部の肉愛好家が野性味のある「味」として好むところがある。しかし、トリミングにより取り除けない表面の一部に少量のナッツ臭が残っている肉を加熱したとき、（真空下での熟成の場合と同じメカニズムで）増加した遊離アミノ酸と糖によるアミノカルボニル反応が起こって、ロースト肉様の香りが生じる。ナッツとロースト肉様の両方の香りが混合されることで、より一般的に好ましい香りとなるようである。

美味しい肉の知識

多種多様な食肉の種類を知り、「理想の肉」を見つける

満足できる肉料理を作るうえで、希望通りの肉を入手することは何より重要だ。肉を適切に選ぶには、多種多様な食肉のカテゴリー（種類や区分）を理解・把握していることが必要となる。この項では、最低限知っておきたい内容についてコンパクトにまとめた。これらを手がかりに試食も重ね、自分の理想の肉を探してほしい。

牛

日本では「ごちそう」というイメージが強い牛肉。国民1人当たりの食肉年間消費量（2017年発表）では、牛肉の割合は約19％。鶏肉（約41％）や豚肉（約39％）には及ばないものの、関税撤廃などで輸入牛肉の価格が下がり、（2000～05年のBSEによる減少期以降）消費量は再び増加傾向にある。

以前は「グルメな牛肉＝サシ（脂肪）たっぷりの黒毛和牛」というイメージが強かったが、近年の「肉ブーム」により、「赤身肉」「熟成牛」「グラスフェッド（牧草の飼料で育った）ビーフ」など、多様な牛肉が注目を集めるようになっている。

牛肉の区分

牛肉に用いられる牛は「肉専用種」だけでなく、「乳用種」の雄（去勢牛）や乳牛としての役目を終えた母牛、また乳用種と肉専用種を交配させた「交雑種」も含まれる。品種別にみると、ホルスタイン種が43％、黒毛和種は41％、交雑種が14％で、その他が2％※。あまり知られていないが、希少な和牛は実は

牛肉の区分

国産牛肉	和牛	黒毛和種	前沢牛、米沢牛、飛騨牛、近江牛、松阪牛、神戸牛、佐賀牛など多数。筋肉の間にサシ（脂肪）が入りやすく、霜降りになりやすい。
		褐毛（あかげ）和種	熊本あか牛、土佐あか牛など。赤身と脂肪のバランスがよく、ドライエイジングにも活用される。
		日本短角種	いわて短角和牛など。サシも入るが、赤身中心で筋肉質。ドライエイジングによる味の変化が大きい。
		無角和種	山口県阿武郡の無角和牛。ほどよく霜降りになりやわらかい。きめはやや粗い。
		和牛の交雑種	上の品種間のかけ合わせ。
	肉専用種		子牛で輸入され日本で飼育された外国種の牛など。
	交雑種（F_1）※		日本ではホルスタイン種の雌に黒毛和種を交配したものが主流。
	乳牛	ホルスタイン種	和牛より安価で水分が多い赤身。ドライエイジング用として人気。
		ジャージー種	脂身が黄色くなりやすいため、加工肉に用いられることが多い。
		その他の乳用種	
輸入牛肉（牛トレーサビリティ法の適用外）			アンガス種（スコットランド原産）／キアニナ種（イタリア原産）／ヘレフォード種（英国原産）／リムーザン種（フランス原産）／シャロレー種（フランス原産）／その他

※交雑種（F_1）：異なる品種をかけ合わせて産まれた牛。和牛同士のかけ合わせであれば「和牛の交雑種」となるが、それ以外のかけ合わせの場合は、和牛ではなく「国産牛（の交雑種）」という表示になる。

牛肉の格付け

歩留り等級	肉質等級 ｢サシの入り具合｣｢脂肪の光沢｣｢肉の色ツヤ｣｢肉の締まり具合ときめ細かさ｣により、5段階に分けられる。				
	5	4	3	2	1
A 標準よりよい	A5	A4	A3	A2	A1
B 標準	B5	B4	B3	B2	B1
C 標準より劣る	C5	C4	C3	C2	C1

「黒毛和種」ではなく、「褐色（あかげ）和種」「日本短角種」「無角和種」の3種である。

※2016年発表の「牛個体識別全国データベースの集計結果」（独立行政法人家畜改良センター調べ）による。

牛肉の格付け

「A5の高級牛肉」などという表現をよく目にするが、牛肉の格付けは、A〜Cのアルファベットで表される「歩留り等級」と、1〜5の「肉質等級」のかけ合わせで表される。ただしこの格付けでは、サシ（脂肪）が多く入っているほど高評価になるため、脂肪の多い「黒毛和牛」には有利だが、昨今人気のある「赤身の牛肉」には不利な評価になることに注意が必要。ちなみに赤身肉が好まれるフランスの牛肉の格付けでは、脂肪率は「標準」が最高評価となる。

牛の飼料

牛肉の味は、食べたエサの中身で変わるといわれる。濃厚飼料（穀物中心）だとサシ（脂肪）が入りやすく、粗飼料（牧草中心）だと赤身肉になりやすい。米国や日本ではトウモロコシなどの穀物飼料が主流で、オーストラリア、ニュージーランド、アルゼンチンでは牧草が主流。牛肉の味の向上のため、ワインやオリーブオイルの搾りかすなど、抗酸化力の高いものをエサに加える工夫をする生産者も。

牛の飼料

粗飼料（grass）	牧草（生、乾燥）、サイレージ（発酵粗飼料）、WCS（稲発酵粗飼料、ホールクロップサイレージ）
濃厚飼料（grain）	トウモロコシ、麦類、大豆、糟糠類、米
配合飼料	複数の飼料原料や飼料添加物を、配合設計・飼養の目的に従って、一定の割合でブレンドしたもの。

部位別の特徴

ロース（リブロース）：頭側から数えて肋骨の7〜10本目にかけての肉がリブロース、中心部が芯ロース。赤身の食感と脂肪のうま味を兼ね備えた最高級の部位。

サーロイン：肋骨の11〜13本目にかけての肉。ロースと並ぶ最高級部位。背骨に沿ってカットすると骨の断面の形から「Lボーン」、ヒレを含むと「Tボーン」と呼ばれ、ステーキ用として人気。

ランプ：サーロインの後方で、脂肪が少なめで、やわらかくきめ細かい赤身肉。イチボと合わせて「ランイチ」と呼ばれる。生食にも用いられる。

タン：よく動かす部位ながら肉質がやわらかく、他のやわらかい部位よりも風味が豊かで味が濃い。ビタミンB_2とナイアシンが特に多く含まれている

イチボ：肉質がやわらかく風味のよい赤身。ランプよりやや硬めで、煮込み料理や細かく切ってラグーなどに用いられる。

ハチノス（第2胃、イタリアではトリッパ）：第1胃（ミノ）に続く2番目の胃。脂肪分が少なく、ビタミンB_{12}、ビタミンK、コラーゲンが豊富で独特の食感がある。イタリアでは煮込み料理が定番。

モモ：外モモは運動量が多く筋肉質でやや硬くきめが粗い。内モモは外モモよりやわらかく脂肪が少ない。硬い部分は煮込みに、やわらかい部分はローストやソテーに使える。

第1章　肉の科学と知識＋高山流・肉の掟

豚

豚肉は日本人にとってなじみ深い食肉だ。比較的安価で、肉や脂はそのまま調理されるほか、ハムやベーコンなどの加工食品は他のどの肉よりも多様。国内消費量は、統計を取り始めた1960年代以来、2012年に鶏肉に抜かれるまで、長年1位を保ってきた。

日本では1971年の豚肉輸入自由化以来、市場で一般的な「交雑種」の豚に加えて、イベリコ豚など世界の個性的な豚肉が味わえるようになった。また、国内の生産者がその土地の風土に合わせて育てる「ブランド地豚」も人気を集めている。

親豚の品種

養豚産業では、個性の異なる複数の品種を交配することで、目的に適った豚を作るのが一般的。右上の表の6品種は、日本で精肉用の豚の交配に用いられる基本的な品種。

豚の三元／四元交配

実際に市場に出回っている豚肉は、基本6品種の豚や地豚よりも「交雑種」の豚が圧倒的に多い。性質の異なる3～4種類の品種・系統の豚を交配すると、一代に限り両親より優れた性質が現れる（雑種強勢という現象）ためだ。雑種の雌と純粋種の雄を交配したものが三元豚、雑種の雄と雌を交配したものが四元豚となる。

親豚の品種

品種		説明
大ヨークシャー		英国・ヨークシャー地方原産。大型（1歳で170～190kg）で毛色は白い。成長が速く肉量が多いため、交雑品種として広く飼育される。
中ヨークシャー		英国・ヨークシャー地方原産の中型品種。皮下脂肪は厚いが脂の質がよく肉はきめ細かい。成長が遅めのため国内では飼育数が激減した。
ランドレース		デンマーク原産。加工肉用として評価が高い。脂肪が薄く赤身が多い。繁殖能力が優れ、雄雌ともに純粋種が種豚として広く利用される。
デュロック		米国の在来種を交配した豚。成豚は300～380kg。草などの粗飼料で飼育でき放牧に向く。肉はサシが入りやわらかいが皮下脂肪は厚め。
ハンプシャー		英国の品種を米国で改良。毛色は黒で肩から前脚は白い。赤身が多く肉質が良い。日本の種豚の4割を占めたが、暑さに弱いことから減少。
バークシャー		英国・バークシャー地方の在来種を改良した「黒豚」で、鼻先、脚先、尾が白い。肉がやわらかく脂肪はさっぱりした食味。成長は遅め。

豚の三元／四元交配

三元豚	LWD	発育に優れたランドレース（L）、赤身と脂肪のバランスのよい大ヨークシャー（W）、丈夫なデュロック（D）をかけ合わせた豚。日本で最も普及している。
	LDB	発育に優れたランドレース（L）、丈夫なデュロック（D）、肉質のよいバークシャー（B）をかけ合わせた豚。
	LDK	発育に優れたランドレース（L）、丈夫なデュロック（D）、味のよい金華豚（K）をかけ合わせた豚。日本での生産・流通は少ない。
四元豚	LWDBなど	発育に優れたランドレース（L）、赤身と脂肪のバランスのよい大ヨークシャー（W）、丈夫なデュロック（D）、肉質のよいバークシャー（B）をかけ合わせた豚。

世界と日本のブランド地豚

その土地の植生や気候風土に適合して変化を遂げてきたのが「地豚」。成長が遅く繁殖・飼料効率が低いなど生産性は高くないが、右の表のように多様な個性を持つ味わいが好まれてきた。日本でも生産者が品種交配や育て方に工夫を凝らし、地域色豊かなブランド（銘柄）地豚が飼育されている。

世界と日本のブランド地豚（一部）

	品種	特徴
世界	イベリコ豚（ベジョータ）	スペイン・イベリア半島で飼育され、主に生ハム用。ドングリなどを食べて成長する。甘い香りの脂が人気。
	バスク豚	フランス・ピレネー地方の豚。栗やドングリを食べて放し飼いで育つ。脂肪は厚めだがさっぱりした風味。純血種は「キントア豚」というブランド豚。
	金華豚	中国・浙江省の金華地区の小型品種。中華料理の金華ハムに用いられる。水分量が多く脂に甘みがある。日本では静岡県・御殿場などで飼育される。
	梅山豚	中国・江蘇省の在来種。肉はやわらかくサシが入ってコクがある。脂肪はあっさりした味。茨城県などで純粋種が飼育される。
	マンガリッツァ豚	ハンガリー原産の豚。赤身のうま味が強く、脂肪の融点が低く口溶けがよい。
	チンタ・セネーゼ	イタリア・トスカーナ原産の豚。肉は濃厚な風味で、生ハム、サラミ、パンチェッタに加工される。
日本	あぐー豚（沖縄県）	沖縄の希少な在来種「アグー」の雄と、交雑種の雌をかけ合わせた豚。脂肪は歯切れのよい食感でコレステロールが低い。
	和豚もちぶた（群馬県）	肉はきめ細かく、つやのあるピンク色。もちもちとした歯ごたえから名付けられた。
	Tokyo X（東京都）	北京黒豚・鹿児島のバークシャー・デュロックを三元交配した豚。霜降りの肉質で、きめ細かくジューシー。
	庄内グリーンポーク（山形県）	ランドレース・大ヨークシャー・デュロックを三元交配した豚。やわらかく味わいのある赤身と、さらりとした脂肪が特徴。
	かごしま黒豚（鹿児島県）	琉球由来の豚とバークシャーを交配させて生まれた黒豚。さつまいも入りの飼料で育ち、肉質にしまりがあり、さっぱりした食味。

部位別の特徴

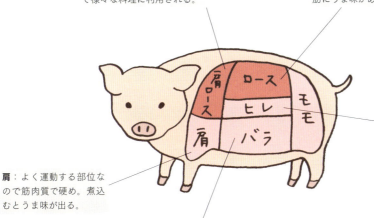

肩ロース：リブロースの上あたりの肉。赤身の中に粗く脂肪が混ざり、風味が強く味が濃い。挽き肉、角切り、薄切りなどにして様々な料理に利用される。

ロース（リブロース）：肉がきめ細かくやわらかい人気部位。上部は霜降りになりやすく、脂肪にうま味がある。

ヒレ：左右で400gほどしかない最上部位。脂肪が少なく淡泊で、きめ細かくやわらかい。

肩：よく運動する部位なので筋肉質で硬め。煮込むとうま味が出る。

バラ：あばらの下の肉で、赤身と脂肪が層になっている。脂のうま味を楽しむ料理に向く。

羊

羊の肉は牛・豚・鶏と同様に、様々な料理に利用できる。日本では北海道の郷土料理ジンギスカンが代表的で、昨今は中近東やアジア、南米などのスパイスをきかせた羊肉料理も人気がある。仔羊の肉（ラム）はミルキーな風味で独特の甘さがあり、西欧諸国では仔牛に劣らない高級肉として賞味される。

牛・豚・鶏と比較すると日本全国で普及しているとはいえず、国民1人当たりの年間消費量も食肉全体の1％未満だが、近年はヘルシーな食肉としても評価が高く、一般用の需要は伸びている。羊肉には鉄分、必須アミノ酸、コレステロールを減らす働きのある不飽和脂肪酸、ビタミンB群などが豊富に含まれ、特にアミノ酸の一種で、摂取すると体内脂肪を燃焼させるといわれる「カルニチン」は、豚や牛に比べて3〜10倍も含まれている。

羊肉の種類

ラム	生後1年未満の仔羊肉。肉質がやわらかで、クセがなく、まろやかな風味がある。生後4〜6週の乳飲み仔羊は肉質が非常にやわらかく、ミルキーで繊細な風味をもつ。
マトン	生後1年以上の羊肉。脂肪も肉もコクと風味が強くなり、ラムよりもしっかりとした肉質になる。
ホゲット	生後1年以上2年未満の羊肉。やわらかさを残しながらラムよりも風味が強くなり、脂肪も少し多くなる。

羊（肉用種）の主な品種

サフォーク種	英国のサフォーク州が原産。大型で体の毛は白く、顔と脚の毛が黒い。余分な脂肪がなく赤身が多い。成長が速く肉生産用の交配種として広く飼養される。
テクセル種	オランダのテクセル島で飼育されている品種。ラム肉は脂身の少ない最高級肉として知られる。
サウスダウン種	英国のサセックス州サウス・ダウンズ丘陵地帯が原産地の肉用種。小型だが体格は充実し、肉質は英国種の中で最上といわれる。
ロムニー種	ニュージーランドの代表的な品種。羊毛としても羊肉としても使われる。

部位別の特徴

ラック：背の肋骨のあるあたりの部位で、「サドル」とも呼ばれる。肋骨ごとにカットしたものが「ラムチョップ」。やわらかい肉質で、羊肉のなかで最上の部位。ローストやステーキに向く。

モモ：最も脂肪が少なく、あっさりした味わいの部位。やわらかい部分はステーキやローストに、硬めの部分は煮込みなどに用いられる。

肩：筋が多く硬めの部位なので、筋切りをして調理する。また脂肪も多く羊肉特有のにおいがあるので、脂肪を取り除いて調理する。煮込み料理やジンギスカンに向いている。

スネ：骨付きスネ肉は「シャンク」とも呼ばれる。ゼラチン質が多く、時間をかけてゆっくり調理する必要があるが、うま味が強い。

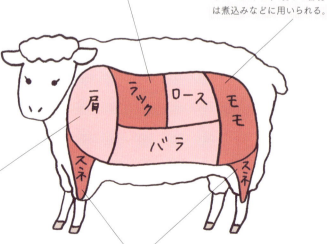

鶏

　カロリーが控えめで価格が手頃な鶏肉は、食肉のなかで国内の消費量が最も多い。市場に出回る鶏肉のほとんどは、外国鶏種のブロイラー（短期間で出荷できる肉用若鶏の総称）。成長が速く歩留まりもよいため、需要が高い。やわらかい肉質が特徴。

　一方、流通量・生産量の少ない希少な鶏が、国産鶏種の「銘柄鶏」や「地鶏」。純粋な国産鶏種は約2％と少ないが、全国各地で、地方の在来種や味に定評のある鶏を用いて品種改良が進められてきた。肉のうま味や歯ごたえを重視し、飼料や飼育方法にも工夫を凝らして生産されている。

鴨

　日本でも鴨鍋などとして古くから食されてきた鴨は、狩猟で捕獲される（ジビエ食材の）「野生の鴨」と、飼育された「合鴨」に分かれる。

　一般的に食用として流通しているのは合鴨で、野生の真鴨と、家禽のアヒル（真鴨を飼い慣らし家禽化したもの）を交配させたもの。野生の鴨よりもクセがなく、脂身が多めで肉質はやわらかい。

　合鴨はフランスやハンガリーなどからの輸入が多く国産の生産・流通量は少ないが、飼料や育て方を工夫したブランド鴨を日本各地で生産している。

鶏の種類と品種

国産鶏	ブロイラー（若どり）		孵化後3ヵ月未満の肉用種。飼育方法に特別な基準はない。飼育期間が短く、肉や皮がやわらかい。
	銘柄鶏		厳密な規定はないが、ブロイラーより飼育期間を長くし良質な飼料を与えるなど、地域ごとに工夫して飼育している。 ・白色系／若どり系（森林どり、大山どり、地養鶏、房総ハーブ鶏 ほか） ・赤系（赤鶏さつま、水郷赤鶏、伊達鶏、三河赤鶏 ほか）
	地鶏		JAS（日本農林規格）の規格により、在来種の血統が50％以上、孵化後75日後以上、孵化後の飼育環境（平飼い）、などの条件がある。 ・日本三大地鶏（比内地鶏、名古屋コーチン、薩摩地鶏） ・その他の地鶏（天草大王、天城軍鶏 ほか）
輸入鶏	銘柄鶏		地域ごとに品種・飼育方法・出荷日数を工夫して飼育している。 ・ブレス鶏（フランス）：品質保証制度であるAOCの認定鶏。飼育期間、飼育環境、飼料などに細かい条件がある。モモの筋肉が発達し、引き締まって歯ごたえがある。

部位別の特徴

胸：皮なしの胸肉は脂肪分が最も少ない。加熱の際はパサつかせず水分を保つ必要がある。

レバー：独特の甘みがある。食中毒などのリスクを避けるために、しっかり火を通すことが必要。

モモ：肉の色が濃く肉汁が多い。皮ごと料理でき、煮込みにもグリルにも向く。

鴨の種類と品種

真鴨			狩猟で捕獲された野生の真鴨。ジビエ。流通量は極めて少ない。
合鴨			一般的に食用とされる鴨。野生の真鴨とアヒルを交配させたもの。
	輸入鴨	バルバリー種	鴨のなかで最大の品種で成長が速い。フランス国内の飼育鴨の9割を占め、輸入品はフランス産が多い。肉付きがよく脂肪分が少なめ。
		チェリバレー種	北京ダック用の北京種を英国で改良してできた品種。繊細な味わいで日本料理向きとされる。成長が速く、価格も比較的リーズナブル。
		ミュラール種（マグレ鴨）	フォワグラ採取用の品種で、採取後の胸肉はマグレと呼ばれる。脂の割合が多めでやわらかい。輸入品はハンガリー産が多い。
		シャラン鴨	品種ではなく産出地域によるブランド鴨。伝統的な飼育方法など厳格な規定がある。と鳥時に窒息させて血を肉に回すため、コクと野性味が強い。
	国産鴨		北海あい鴨、八甲鴨、岩手鴨、倭鴨、最上鴨、河内鴨、京鴨など、日本各地で生産されている。

高山流 肉の掟

「『肉は常温に戻さないと美味しく焼けない』
なんてことはありません！」と断言する高山氏。
同氏独自の肉哲学は、ともすると
肉についての従来の常識に反する「非常識」と思われるかもしれないが、
肉への深い理解と豊かな経験に裏付けられたものだ。
「肉の新常識」とも呼ぶべきそのエッセンスを、
9か条の「肉の掟」としてまとめ、詳しく解説する。

1. 肉は常温に戻さなくていい。
2. 最初に焼き色を付けない。
3. 肉の「筋線維の向き」を意識する。
4. 焼くときは何度でもひっくり返していい。
5. 肉の表裏を同じ時間だけ、一定の火力で焼く。
6. 火加減の調整は、ガスコンロだけではない。
7. 焼き上げた肉は休ませなくていい。
8. 肉のにおい＝個性は消すのではなく活かす。
9. 肉の水分量を見極めて「どう焼くか」を考える。

① 肉は常温に戻さなくていい。

　冷蔵庫から出した肉を「常温に戻さず冷たいまま焼き始める」とは、いきなり「料理の常識」を覆すような方法論だが……。
　「肉の内側が生焼けになってしまい、上手く焼けないのでは？」という問いに対し、「焼いている間に『肉の内側が常温に戻る』ように焼けばいいんです」と高山氏。
　「弱火か中弱火から加熱し始め、肉の内部にじわじわと熱を伝えれば、焼いている間に肉の内部が常温に戻る。最初から強火で肉の表面を焼き付けるのは、絶対NGです」。
　お客を待たせたくない飲食店にとっては特に、見逃せない時短テクニックだ。

② 最初に焼き色を付けない。

　焼き色を付けるという行為は、肉の表面を「焼き固める」ということ。①でも説明したように、最初に肉の表面が固まってしまうと、内部に「熱」が伝わりにくくなる。「肉の内部まで狙い通りに火を入れてから、最後の仕上げとして焼き色をこんがり付けるのがコツです」。
　また肉の「うま味」も、表面を焼き固めると外に出にくくなる。「シチューやカレーなどの煮込み料理では、肉のうま味を汁に出しきって美味しい汁にしたい。だから煮込む前に肉に焼き付けることはしない」のが高山流だ。

③ 肉の「筋線維の向き」を意識する。

　「肉をカットするときは、肉の『筋線維の向き』を意識する」というのも、高山氏独自の方法論。フライパンや炭火など、下から上に一方向的に熱が伝わる直火の場合は、熱の伝わり方と筋線維の向きが平行（垂直方向）になるように肉をカットすると、スムーズに早く火が通る（図左）。フライパンや炭火でステーキを焼く場合は、このように肉をカットするのがベスト。
　反対に、筋線維の向きを水平方向にカットすると、下から上に向かう熱が筋線維にブロックされて、熱が伝わりにくくなってしまい（図右）、直火向きではない。

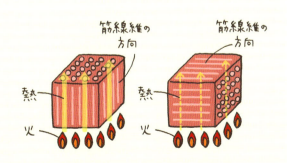

④ 焼くときは何度でもひっくり返していい。

「肉を焼く際、ひっくり返す回数は最小限に」という従来の常識は、肉の焼き色をキレイに付けるための考え方。高山流では肉の焼き色は最後の仕上げとして付けるため、焼いている間に何度ひっくり返しても問題ない。むしろ、肉の温度上昇をコントロールするために、何度もひっくり返すほうがよい。

「特に和牛の場合は高温で焼いてしまうと、ラクトン由来の甘い香りを引き出せない。温度を上げすぎず、やや低温で焼き上げるために、何度もひっくり返しながら焼きます」。

⑤ 肉の表裏を同じ時間だけ、一定の火力で焼く。

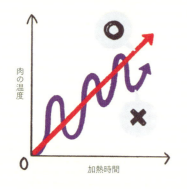

「ふっくらと美味しく肉を焼くには、肉の温度が、焼き上がりまで一定のペースで上昇するように加熱するのが原則です（図の○印）」。急に弱火から強火に変えたり、また弱火に戻したり、などと不規則な加熱では、肉の温度上昇もイレギュラーになってしまう（図の×印）。こうした焼き方では「切ったときに肉汁がドバッと出てしまい」美味しい焼き上がりにはならない。

肉の温度を焼き上がりまでスムーズに上昇させるためには、火力を一定に保ちつつ、さらに、表面と裏面を焼くときの時間（分数）も揃えること。

⑥ 火加減の調整はガスコンロだけではない。

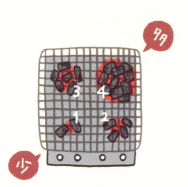

厚みのある部分や骨の周りは火が通りにくいなど、肉の部位や状態によって火の入り方は異なる。ガスコンロ以外の熱源でも、熱の伝わり方をデリケートに調整することが必要だ。

「店では炭を置く量を4段階で変え、肉を乗せる場所で火力を変えられるようにしています」。骨付き肉の場合、火の通りにくい骨周りを図の4の場所に、火の通りやすい肉の部分は図の2〜3の場所に乗せることで、火加減を変えて同時に焼ける。

フライパンでアロゼ※しながら焼く場合は、肉が高温の脂に浸かると火が入りすぎるので、マメにすくい出して取り除くこと。

※アロゼ：加熱で溶け出た肉の脂やバターなどをスプーンですくって肉にかけ、高温の脂によって熱を通すこと。

7 焼き上げた肉は休ませなくていい。

「焼き上げた後に肉を休ませて、内部の血や肉汁を落ち着かせる必要があるのは、ローストビーフなどの大きい肉の場合か、直火でなくオーブンで焼く場合。2人分くらいのサイズの肉を直火で焼くなら、焼き上げた後に肉を休ませる必要なんてありません」という高山氏。

直火の場合、肉の上側（熱源の反対側）から熱を逃がしながら焼けるため、また、肉を休ませ（肉をときどき熱源から外して余熱を行き渡らせ）ながら焼くことができるため、焼き上げた後に休ませる必要がない。熱々の美味しい状態で提供できる。

一方、オーブンで焼く場合は、全方向から肉に火が入り熱の逃げ場がないので、焼き上げた後に肉を休ませる時間が必要になる。

8 肉のにおい＝個性は消すのではなく活かす。

「それぞれの動物の肉に特有のにおいは、個性であり魅力でもある。必要以上に取りすぎない方が美味しく食べられる」というのが高山氏の持論。肉のにおいやクセを覆い隠すような下処理法や調理法、ソースは用いず、肉のにおい＝個性を極力活かす。その方法論とスタイルは「素材を活かす」イタリア料理的であるともいえる。

ハーブ、香味野菜、スパイスなどで変化やリズムを付ける、アク取りは一度だけ、肉のにおいやクセを抑える働きのある塩は加熱後に加える（後塩）、などのテクニックにも注目したい。

9 肉の水分量を見極めて「どう焼くか」を考える。

水分量の少ない熟成牛（DAB）に比べて、通常の和牛は水分量が多い。豚は和牛より水分量が多く、仔羊（ラム）や鶏はさらに多い。調味液に漬け込んだ肉も、その漬け汁の分だけ水分量を増している。

「水分量の多い肉を短時間で焼くと、焼き上がりの肉を切ったとき、肉汁が一気に流れ出してしまう。そのため、低温から加熱し始め、時間をかけて肉のうま味を凝縮するように仕上げることです」。

肉を仕入れたら、その肉の水分量などの状態をじっくり見極めて、どう焼くかを考えるのが失敗しないための鉄則だ。

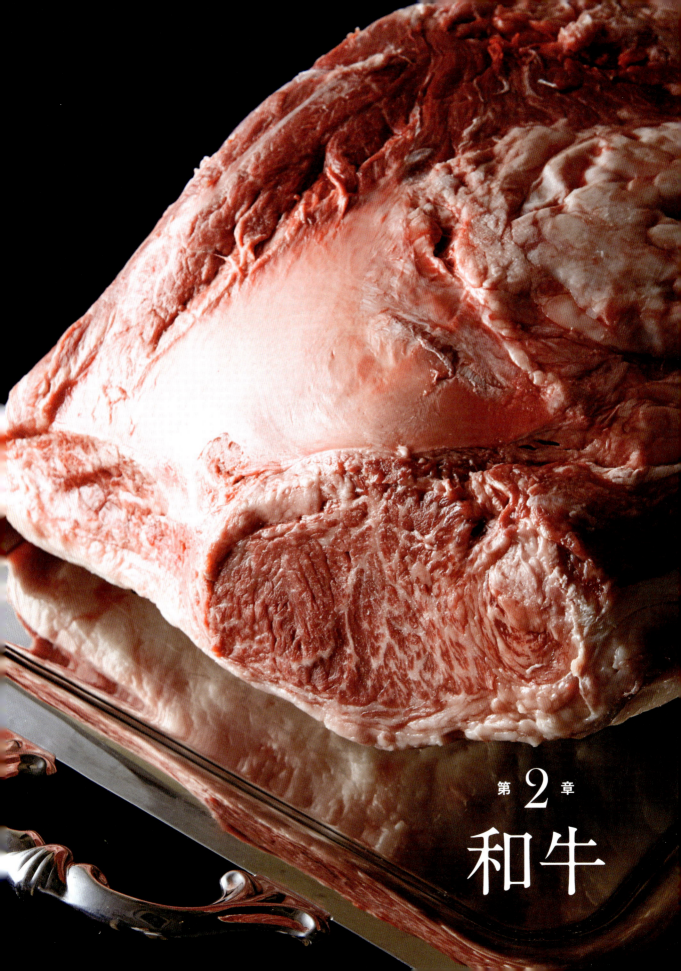

第2章
和牛

和牛（黒毛和種）
調理の考え方と方向性

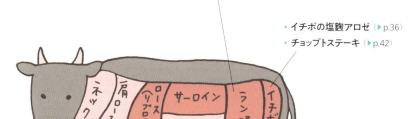

- 炙りカルパッチョ（▶p.48）
- タルタルステーキ（▶p.51）
- イチボの塩麹アロゼ（▶p.36）
- チョップトステーキ（▶p.42）

肉として、味の複雑さ・うま味・香りは、和牛が最高峰だと思う。

ただし、牛肉は均一にきれいに焼いてしまうと味が単調になり、途中で食べ飽きてしまう。これは焼肉屋に生まれ育ち、週に6日は牛肉を食べてきた自分の経験則だ。それだけに、途中で食べ飽きないような調理には思い入れがある。同じ考えの料理人はあまりいないようだが、塊肉ならあえて火入れにムラ＝グラデーションを付け、ちょっと焦げすぎの部分やレアな部分をつくるほうが、最後まで美味しく食べられると考えている。「ラクトン」(p.7)に由来する和牛の甘い香りは、サシ（脂）が70〜80℃の高すぎない温度で温まるときに引き立つ。焼くときに何度でもひっくり返す、「焼く」というよりも「温める」感覚でデリケートに火入れするなどの方法で、和牛ならではの魅力である「甘い香り」を最大限に引き出したい。

和牛を扱う際の注意

💡 生食用の肉は、衛生的な環境で開封する。パッケージを開けたら遅くとも2日以内に使い切る。

DATA

- 秋川牛の「ランイチ」※（等級：A5、月齢：29カ月、12.9kg）
- 常陸牛の生食用の肉（部位：ランプ、月齢：32カ月、3.2kg）

※モモ肉の、ランプ（腰）とイチボ（尻）にまたがった部位。

下処理前：ランイチ

下処理プロセス PROCESS ランイチ

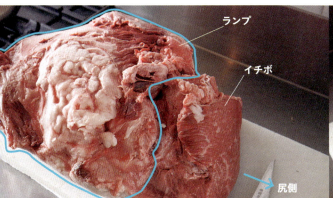

1 まずモモ肉の「ランイチ」を、「イチボ」と「ランプ」に分離する。右下がイチボ、左上に乗っているのがランプ（手前右が尻側、左が頭側）。

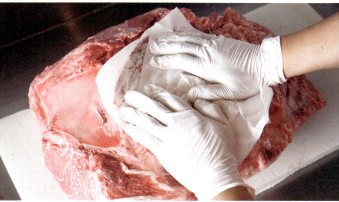

2 手に使い捨てグローブをはめてパッケージを開ける。布のミートラップを外したら、手が滑らないようにペーパータオルで水気を拭き取る。

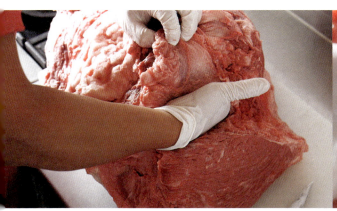

3 ランプ（上）とイチボ（下）の境目に手を差し込み、その間の筋膜をはがして、力を入れて上下にメリメリとはがしていく。

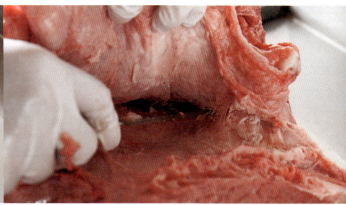

4 境目にくっついている筋を、包丁の刃先で切る。包丁は筋引き包丁を使う。刃先が細くすっと入れられ、余分な肉を落とさない。

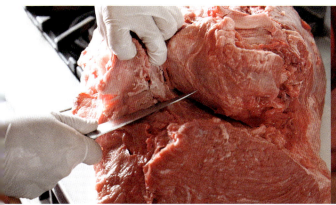

5 手ではがれる部分は包丁を使わずにはがし、手ではがせない筋だけを包丁で切る。

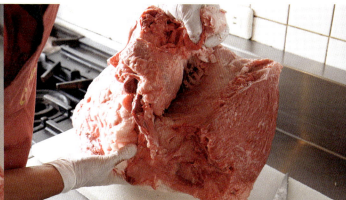

6 ある程度はがれたところで、肉の境目を両手で持ち上げると、下の部分（イチボ）が自分の重さで下がり、自然と上下にはがれやすくなる。

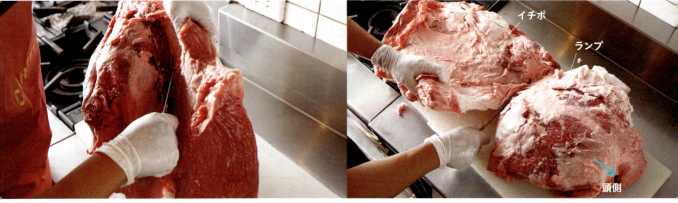

7　境目に包丁を入れやすいように肉を立て、手ではがれない奥の筋を包丁で切る。「肉は勝手に自分たちの重みではがれていく」ので、包丁を使うのは最小限でいい。

8　上に付いていたイチボ（左）が、完全にランプ（右）からはがれた。
※最初の状態から上下さかさま（手前右が頭側、左奥が尻側）になっている。

11　ひっくり返して、表面の筋も削り取る。筋は硬くそのままでは食べられないが、うま味の宝庫で味が濃い。細かく刻んでラグーや煮込み料理に使うとよい。

12　ランプの上に張り付くように付いている「ネクタイ」という部位を切り取る。

14　ランプの掃除が完了した状態。成形する際に出たくず肉（ボウル内）は、ネギを入れて「肉吸い」（スープ）を作り、うどんを入れてまかないなどにしている。

15　イチボの掃除に入る。表面の筋膜を手ではがし、包丁でそぎ取る。

9 左上がイチボ、右下がランプ。同じモモ肉でも、ランプとイチボでは味が全く異なる。ランプはよく動かす部位なので、筋線維にかみごたえがあり味が濃い。イチボにはサシ（脂）が入り、線維が細かくやわらかい。

10 ランプの掃除に入る。イチボとくっついていた上側の面から、脂を削り取る。

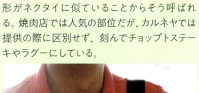
形がネクタイに似ていることからそう呼ばれる。焼肉店では人気の部位だが、カルネヤでは提供の際に区別せず、刻んでチョップトステーキやラグーにしている。

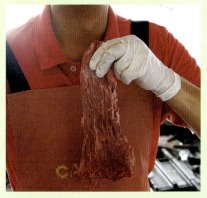

13 切り取ったネクタイ。牛頬より小さい希少部位で、1頭から左右各200gずつしか取れない。味が濃く、甘みと適度な歯ごたえがある。

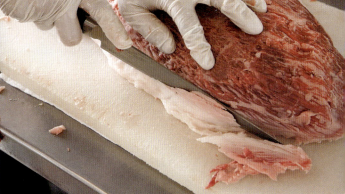

16 筋膜や、においが強く酸化しやすい皮膚側の脂を、全部包丁で削り取る。下側の脂は臭みがないので取らなくてよい。

17 端に付いている脂をトリミングで取り除く。切り取った脂はボウルにまとめておく。

18 掃除が完了したイチボの表側。

19 脂を残した裏側。掃除前の半分くらいの大きさになる。削り取った脂は、焼いてから出汁を取れる。

20 掃除完了後のイチボを三つに切り分ける。縦に入っている筋線維の流れを確認する。

21 縦に入っている筋線維に沿って、まず左側と右側の大きさが1対2になるように切り分ける。

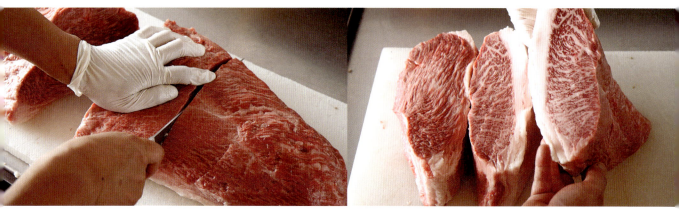

22 右側をさらに二つに切り分ける。

23 左側は線維が粗いので、薄切りや刻んでチョップトステーキに用いる。右端はサシが多め。右側の中央寄りは適度なサシが入って一番食べやすいので、ステーキやローストに用いるとよい。

下処理プロセス PROCESS 生食用の肉

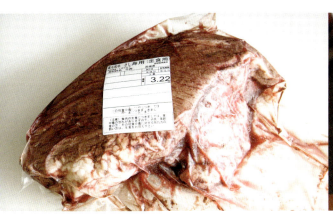

1 生食用のパックは、包丁・まな板・調理台などをきれいに洗って消毒してから開く。パッケージを開けた肉は、遅くとも2日以内に使い切る。

2 表面の水分や血を、ペーパータオルで拭き取る。

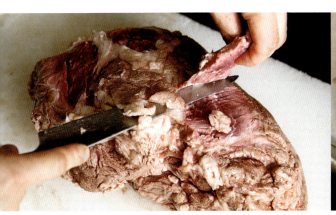

3 表面の筋を包丁で削り取る。

4 生食用の肉は殺菌のために表面をボイルしてある。ボイルした白いところがなくなるように、表面から約2cmの厚さをトリミングする。

5 脂や筋も切り取る。

6 完成。トリミング前と比べて、歩留まりは半分以下になる。トリミングで切り落としたくず肉（左）は、ブロード（p.202）や「肉吸い」（スープ）に活用する。

イチボの塩麹アロゼ

適度にサシの入ったイチボ肉に塩麹を塗り、「脂身のクッション」ごしに、ソフトに火入れ。
ジューシーに焼き上げた肉の美味しさを引き立てるよう、
ハーブと柑橘類でシンプルかつリズミカルに仕上げる。

調理のポイント

イチボは筋線維が強く、血液も水分も肉の内部に蓄えられる肉。筋線維の方向が「縦」になるようにカットすると、筋線維に沿って垂直に火が入り、イチボならではの弾力のある食感に。塩麹を塗ってやわらかくした肉は「脂身のクッション」ごしに間接的に火を入れることで、最後までみずみずしさややわらかさを失わずに焼き上がる。

材料（2人分）

イチボ（脂身を外して） 200g
塩麹（ペースト状） 50g

エルバミスタ（粗みじん切りにしたミックスハーブ）
　イタリアンパセリ、ミント、エストラゴン、ディル 各5g

付け合わせ（作りやすい分量）

姫ニンジンのグリル
姫ニンジン 1本

ニンジンのピュレ
ニンジン 1本（200g）
ブラッドオレンジジュース 140ml

トマトのコンフィ
プチトマト 10個
ニンニク ひとかけ
タイム ひと枝
オリーブオイル 200ml

ソース

サルモリッリオ・ソース
EVO（トスカーナ産） 50ml
生ハーブ（ミント、ウイキョウ、イタリアンパセリ） 各10g
レモンの皮のすりおろし 1/8個分

工程

1. 肉を切り、脂身のシートを作る
2. 肉に塩麹を塗り、30分置く
3. フライパンに脂身のシートと肉を乗せてコンロに火を付ける
4. コンロで焼きながら表面をアロゼする（5分）
5. オーブンに入れてアロゼしながら焼く（230℃で計20分）※
6. 焼き上がり（20分後）
7. 10分間休ませてから肉を切り分ける

※オーブンでの火入れの詳細
　5分後：一度目のアロゼ
　10分後：肉の上下をひっくり返す
　15分後：二度目のアロゼ
　20分後：焼き上がり

調理前

調理後

プロセス PROCESS

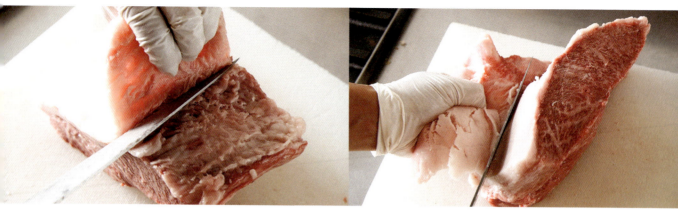

1 脂身と赤身の間に包丁を入れる。

2 脂身は 3〜4 の工程で使うため、途中でちぎれないように、ていねいに切り離す。

5 脂身を取った正肉。筋線維は左右の方向。

6 焼くときに筋線維の向きが縦（垂直）方向になるようにカットする（p.25 参照）。

9 塩麹を全面に塗った状態。

10 塩麹の上から、エルバミスタ（粗みじん切りのミックスハーブ）を上下の面にまぶす。

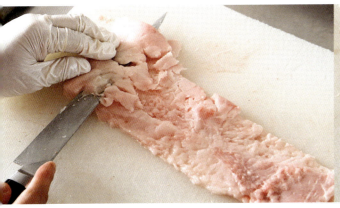

3　脂身のシートを作る。切り離した脂身が均一の厚さになるように、削って整える。

4　5mmほどの厚さに整えた脂身のシート。

筋線維の向き

7　200gほどにカットした肉。ほどよくサシが入っている。

8　ペースト状の塩麹を肉に乗せ、ナイフで塗りつける。店では「島まーす」を用いた沖縄の塩麹を使っている。

11　ラップに包んで常温で約30分置く。

12　フライパンに脂身のシートを入れ、11の肉を乗せてからコンロに火を付ける（中火）。

第2章　和牛　｜　039

13 熱で脂が溶けてきたら、溶けた脂をスプーンで肉の上に回しかけ（アロゼ）、肉の表面に脂の膜を作る。約5分アロゼする。何度かけてもよい。

14 フライパンのまま230℃のオーブンに入れ、5分焼く。タイマーを5分ごとに鳴るようセットすると便利。

16 さらに5分オーブンで加熱したら、オーブンから出して肉をひっくり返す。塩麹が脂についてはがれたら、すくい取って塗り直す。

17 肉を返したところ。

19 計20分後。肉の組織全体に血液が回って肉が盛り上がり、肉の厚み（高さ）が増したら焼き上がりのサイン。

20 熱源付近の暖かい場所で10分落ち着かせてから肉を切り分ける。オーブンで焼く場合は、焼き上げた後に肉を休ませて落ち着かせる時間が必要（p.27参照）。

15 5分経ったら、オーブンから出して再度アロゼする。肉の上側だけでなく側面にも、まんべんなくスプーンで脂をかける。

18 ひっくり返して5分後、オーブンから出してまたアロゼする。

Chef's Tips
溶け出した脂（液状）は高温。脂に肉がつかると熱が伝わりすぎるので、スプーンですくい出します。

21 焼き上がりの断面。中心部だけでなく縁ギリギリまでバラ色の、絶妙なミディアムレア状態に火が入った。

ソースと付け合わせの作り方

付け合わせ

姫ニンジンのグリル
姫ニンジンを縦半分に切り、砂糖と塩を5対2で入れた湯で下ゆでしてから、片面をグリルで焼き、香ばしい香りを付ける。

ニンジンのピュレ
ニンジンに火が入りやすいようにスライスし、鍋にオレンジジュースとともに入れてフタをし、やわらかくなるまで蒸し煮にする。
フードプロセッサーでピュレ状にし、仕上げに塩少量を加えて味を引き締める。

トマトのコンフィ
オリーブオイルにつぶしたニンニクとタイムを入れ、ゆっくり60℃くらいまで加熱して香りを付ける。
オイルにプチトマトを入れて転がしながら、崩さないように20分くらい煮る。
火を止めて暖かいところに置いておく。

ソース

サルモリッリオ・ソース
粗みじん切りにしたハーブとレモンの皮のすりおろしを、EVOに漬けておく。

仕上げと盛り付け

皿にソースを敷き、焼いた肉の断面を上にし、美しい肉の色を見せるように置く。
肉の上下左右にニンジンのピュレを敷き、その上にトマトを置く。
姫ニンジンを立体感が出るように、斜めに立てかける。

チョップトステーキ

肉の食感や噛みごたえを残した、
ハンバーグとは全く別物の「粗刻みステーキ」。
噛みしめるごとにフワッとほぐれた肉の風味が口に広がる、
肉好きの大人から支持されている人気メニュー。

調理のポイント

粗刻みにする肉は2種類の切り方で刻み、食感に変化やリズムをつくる。粗刻みの肉は「こねない・練らない」のがポイント。仕上げにバターと砂糖が焦げた甘い香りを肉にまとわせて「美味しい!」という印象を強調する。

材料（2人分）

- イチボ（線維が粗い外側の部分を使用）— 160g
- 塩 — 1.8g（肉の重量の1.1%）
- ソフリット※ — 20g
- バター — 10g
- 砂糖 — 20g

※ソフリット＝玉ネギ・ニンジン・セロリのみじん切りを2対1対1の比率で合わせ、弱火で1時間あめ色になるまでオリーブオイルで炒めた野菜ペースト。

付け合わせ（作りやすい分量）

カリフラワーの牛乳煮
- カリフラワー — ひと株
- 牛乳 — 180ml
- ゴルゴンゾーラ — 30g

ガーリックチップ
- ニンニク — ひとかけ
- オリーブオイル — 適量

すりおろしカリフラワー
- カリフラワー — 15g
- パルミジャーノ・レッジャーノ — 5g

マーシュ、アマランサス — 各少々（あれば）

工程

1. 肉を2枚にスライスする
2. 1枚はみじん切りに、もう1枚は粗めにカットする
3. 氷で冷やしながらボウルで肉を混ぜる
4. ソフリットを混ぜ、なめらかになるまで混ぜ合わせる
5. フライパンで6割ほど焼く（3分×両面＝6分）
6. 金属皿に移して炭火にかけ、炭に直接砂糖を振りかけて引火させ、香り付けする

調理前

調理後

プロセス PROCESS

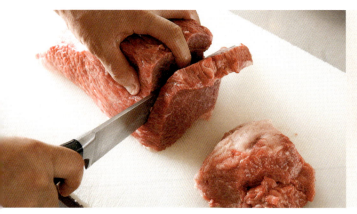

1　イチボの肉から、線維が粗く脂が少なめの外側の部分を160g切り分ける。

2　160gに切り分けた肉。

5　細切りにした肉をみじん切りにする。この部分の粘着力が「つなぎ」として全体をまとめるので、なるべく細かく切る。

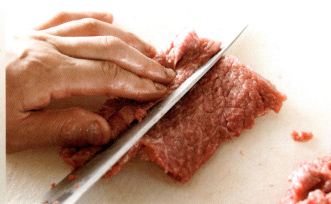

6　2枚目は斜めのそぎ切りにする。

9　2枚分の肉を混ぜ合わせる。脂が溶けないほうが結着が速いので、氷を入れたボウルに金属のボウルを重ね、冷やしながら混ぜる。

Chef's Tips
和牛は特に脂の融点が低いので、氷で冷やしながら、手ではなくヘラを使って混ぜます。

10　肉の重量に対して1.1％の塩を入れ（肉160gの場合、約1.8g）、ヘラで20〜30回混ぜ合わせる。

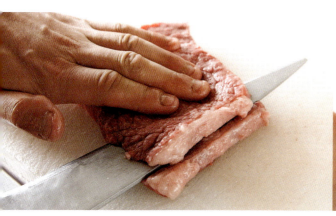

3 肉を2枚にスライスする。

4 1枚目はなるべく細かいみじん切りにする。まず縦に細切りにする。

7 そぎ切りにした肉を約1cm角にカットする。

8 左側が1cm角にそぎ切りにした分。右側がみじん切りにした分。2種類の切り方で、食感にリズムをつくる。

11 口内でふわっとほぐれるようにしたいので、肉はこねたり練ったりせず、自然にまとまるまでヘラで混ぜる。

12 味に奥行きを出すためにソフリットを加え、なめらかになるまでヘラで混ぜる。

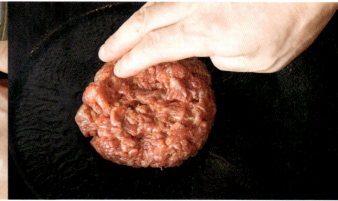

13 ボウルの中で俵形に成形する。ほぐれやすくするため、空気を抜くなどはしない。

14 油を引かずにフライパンに入れ、肉を入れた直後だけ強火で表面を焼き固める。ただし、ジャーッと大きい音がするほどの強火にはしない。

17 炭火の上に、上の方からグラニュー糖を撒いて引火させる。肉には振りかけないようにする。

18 皿の上の肉が炎に包まれたら、皿を揺すって火を消す。

19 肉の上のバターが溶けるまで、砂糖を2〜3回撒いて引火させ、肉にバターと砂糖の焦げるお菓子のような香りをまとわせる。

20 焼き上がると、側面に少し弾力が出てくる。焼き色が足りなければ焼きゴテを使ってもよい。

Chef's Tips
炭火がなければフライパンだけで仕上げてもOK。フライパンに30gのバターを入れて焦がしバターを作り、アロゼして焼き上げます。

15　肉がジリジリ、ジュワジュワと音がするような中弱火に変えて、3分焼く。ここで全体の6割くらい火が入る。肉がフライパンからはがれやすくなるまで火が入ったら、ひっくり返してさらに3分焼く。

16　ステンレスの小皿に移し、肉の上にバターを置いて炭火に乗せる（七輪でもよい）。火は強火の近火。

> **付け合わせの作り方**
>
> **カリフラワーの牛乳煮**
> カリフラワーは茎を取ってひと口大に切り、つかるくらいの牛乳で、くたくたにやわらかくなるまで煮る。
> 火を止め、フォークで粗くつぶし、ゴルゴンゾーラを加えて混ぜる。
>
> **ガーリックチップ**
> オリーブオイルにスライスしたニンニクを入れ、うっすらと淡い色に色づくまで揚げる。
>
> **すりおろしカリフラワー**
> 生のカリフラワーとパルミジャーノ・レッジャーノをそれぞれすりおろして、混ぜる。
>
> **仕上げと盛り付け**
> 皿の中央に肉を置き、上にすりおろしカリフラワーを乗せ、ガーリックチップ、マーシュの葉をトッピングする。
> 肉の右側にカリフラワーの牛乳煮を縦長に置き、アマランサスを添える。
> つなぎなしで焼いた肉がポロポロと崩れたところに、すりおろしカリフラワーを混ぜるようにして食べる。

炙りカルパッチョ

生肉のなめらかなねっとり感と、炙った肉の歯ごたえや香ばしさ。
食感や味わいの対比が面白く、コクとボリューム感も味わえるひと皿。

材料（2人分）

生食用のランプ肉（下処理・掃除済）— 100g

A：調味ダレ
- オリーブオイル — 30ml
- ニンニク — ひとかけ
- レモンの皮 — 1/8個分
- エシャロット — 5g
- イタリアンパセリ、ミント、ディル、エストラゴン — 各3g
- セージ、ローズマリー — 各1g

付け合わせ（作りやすい分量）

アンディーブのキャラメル煮（アグロドルチェ）
- アンディーブ — 葉1枚
- バター — 30g
- 白ワインビネガー — 20ml
- グラニュー糖 — 20g
- 塩 — 3g

フレーバーオイル
- EVO — 50ml
- 生ハーブ（セージ、ローズマリー）— 各10g
- レモンの皮のすりおろし — 1/8個分
- ジュドビアンド（フォンドボーを煮詰めたもの）— 10ml

- インゲン — 1本
- エシャロット — 5g
- セルフィーユ — 少々
- レモン汁 — 1/8個分
- 塩、ローズペッパー — 各適量

調理のポイント

タレを揉みこむことで繊維の中まで味が入りこみ、しっとりした肉に。それを焼きゴテで炙ると、肉の焼けた香りが加わってコクが出る。

焼きゴテはガスバーナーと違って料理にガス臭さが付かず、料理のアクセント的に「焼き」を入れる際にも便利な小道具。一つあると重宝する。

工程

❶ 生食用の肉をスライスする
❷ 調味ダレ（A）を作り、肉にタレを揉みこむ
❸ 皿に肉を並べ、焼きゴテで炙る

調理前

調理後

プロセス PROCESS

Chef's Tips
ねっとり感が出るように、筋線維に対して垂直になるようにスライスします。

1. 生食用（下処理・掃除済）の肉を、筋線維を断ち切るようにスライスする。食感を感じてもらうため、少し厚めの2〜3mmに切る。

2. スライスした肉。ほどよいサシが全面に入っている。

3. グローブを着用した手で肉を揉みながら、ニンニク（つぶす）と他の材料（みじん切り）を、オリーブオイルにつけたAの調味ダレにくぐらせる。

4. 皿に移し、コンロや炭火で熱しておいた焼きゴテを、全体に5秒くらいずつ当てて、焦げ目がつくまで炙る。肉が焼けた食感と美味しそうな香り、コクが加わる。

5. レモン汁、ローズペッパー、塩を振りかけて味を調整し、みじん切りのエシャロットを散らす。

付け合わせの作り方

アンディーブのキャラメル煮（アグロドルチェ）
鍋に材料を入れ、フタをしてやわらかくなるまで蒸し煮にする。仕上げに火を中火に強めて煮汁がなくなるまで煮詰め、糖分の焦げた香ばしい香りを付ける。

フレーバーオイル
オイルにジュドビアンドとハーブのみじん切り、レモンの皮のすりおろしを混ぜる。

インゲン
砂糖と塩を5対2で入れた湯で食感が残る程度にやわらかくゆで、斜めにそぎ切りにする。

仕上げと盛り付け

5の皿の上からフレーバーオイルを20mlほどまんべんなくかけて、丸めたアンディーブとインゲンを乗せる。セルフィーユを散らす。

タルタルステーキ（カルネクルーダ）

目指すのは、きめ細かく、口の中で溶けるような食感。
うま味のあるランプ肉にビネガーやハーブを合わせ
あっさりと軽やかな生肉料理に仕立てる。

調理のポイント

肉をみじん切りにする際は、肉の線維をなるべくつぶさないように、力を入れずに切ること。口溶けのいい脂にしたいので、ここでは氷で冷やさずに混ぜ合わせる。

材料（2人分）

生食用のランプ肉（下処理・掃除済）— 120g

A：調味料

　塩 — 1.2g（肉の重量の1%）
　ケッパー — 5g
　粉チーズ — 4g
　レモン汁 — 5ml
　EVO（トスカーナ産）— 30ml
　黒胡椒 — ミルで2回分
　セージ、ローズマリー — みじん切りにして各ひとつまみ

付け合わせ（作りやすい分量）

マイクロリーフのサラダ

マイクロリーフ — 20g
キンカンのビネガー — 5ml
EVO — 5ml

シブレット — 1把（約20g）
グラナ・パダーノ — 適量
白粒胡椒 — 少々

工程

❶ 生食用の肉をみじん切りにする
❷ 調味料（A）と混ぜ合わせる
❸ 盛り付ける

調理前

調理後

プロセス PROCESS

1 ランプ肉をみじん切りにする。ランプ肉の線維はきめ細かいので、なるべく線維をつぶさないように切ること。まずスライスする。

2 スライスした肉を細切りにする。

3 できるだけ細かいみじん切りにする。

4 肉と調味料Aを混ぜ合わせる。口溶けのいい脂にしたいので、氷で冷やさずヘラを使い、常温で混ぜる。

5 なめらかになるまで、ていねいに混ぜる。こねたり練ったりしない。

付け合わせの作り方
マイクロリーフのサラダは材料を混ぜる。
シブレットは極力細かく、断面をつぶさないように小口切りにする。
パルミジャーノより甘みが強くミルキーな風味のグラナ・パダーノは、チーズ削りでふんわりと削る。

仕上げと盛り付け
皿の中央に、セルクルを用いて、肉とシブレットを円形に盛り、中央につぶした粒胡椒を乗せる。
肉の右側に削ったグラナ・パダーノをふわっと乗せ、左側にマイクロリーフのサラダを盛る。

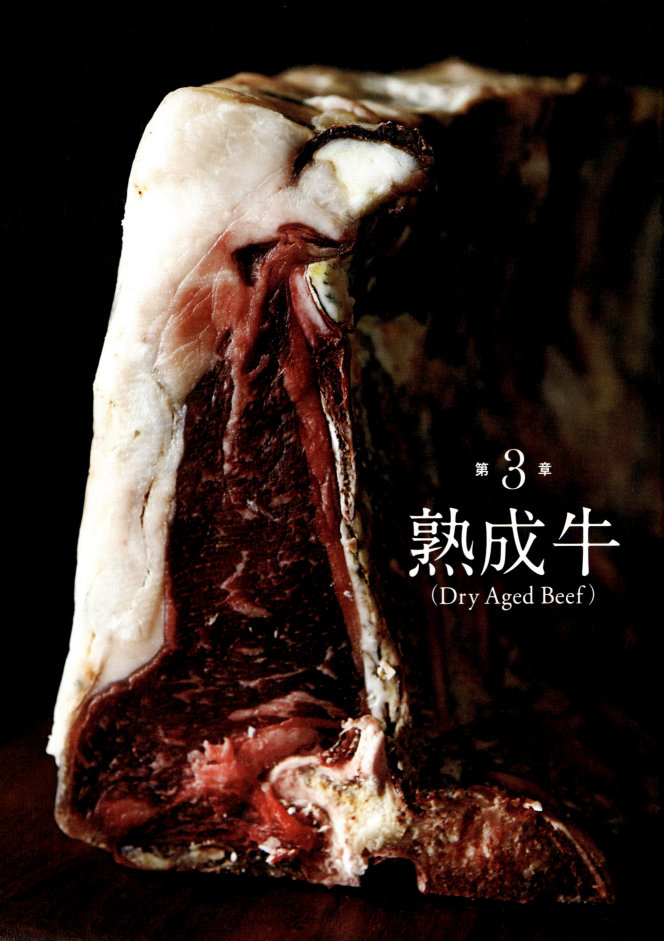

第 3 章
熟成牛
（Dry Aged Beef）

熟成牛（DAB）
調理の考え方と方向性

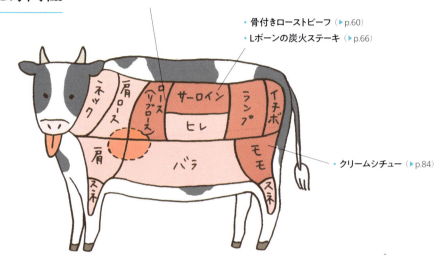

- 厚切りステーキ（▶p.72）
- 香草パン粉焼き（▶p.78）
- 骨付きローストビーフ（▶p.60）
- Lボーンの炭火ステーキ（▶p.66）
- クリームシチュー（▶p.84）

　和牛の項でも述べたように、「牛肉は香り」で食べさせるものだと思う。その肉ならではの個性のある香りをいかに引き出すか。肉を調理するときは、いつもそのことを考えている。

　DAB（＝Dry Aged Beef）はホルスタインなど、赤身で水分の多い牛肉を熟成させて作る肉で、赤身肉の加熱時の香り成分は「ピラジン」が主体。「バターのような」、「ナッツみたい」などと言われることも多い、甘く香ばしい香りだ。ピラジンは、高温でこんがりと焼けた（メイラード反応が起きた）ときに充分に引き出されるという。そのため、DABを調理するときはピラジンを充分に引き出すようにこんがりと焼き上げ、肉の表面を「焼き切る」ことを意識している。

　DABは脂身にも香りがあるので、脂身のシート（p.39）で赤身肉を包んだり、加熱で溶けた脂をアロゼに使ったりなど、脂身も工夫して使う。また、成形時に出たくず肉も、煮込みやブロードなどに無駄なく使い切りたい。

熟成肉（DAB）を扱う際の注意

- 肉を骨から外すと劣化が始まり乾燥するため、肉を骨から外すのはその日使う分だけにする。
- 骨付き肉では骨付きのまま、目視できるカビや不要な脂身を全て取り除く。
- 手に使い捨てグローブをはめ、直接カビに触れないように注意する。触れた場合は食品用エタノールで消毒する。

DATA

- 青森県産ホルスタインの骨付きロース（6kg、40日間熟成）

下処理前

下処理プロセス PROCESS 骨付きロース

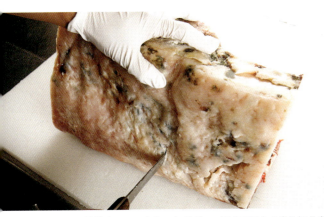

1 骨付きロースから、まず10cmほどの厚さの肉を切り出す。脂身のほうから、細い包丁の刃を入れる。

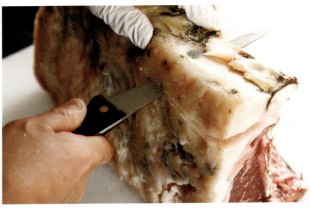

2 上側の脂身をそぎ取る。

3 背骨から肉を外す。

4 刃先を常に骨に当てながら、カーブに沿って骨と肉を外す。

5 骨が見えやすくなるよう、上の脂をそぐ。

6 背骨の内側に刃を入れ、先に刃を入れた部分とつなぐと肉が外れる。

7 背骨から肉が外れたところ。

8 骨を外したブロック肉はステーキやカツレツに使う。

11 赤身に少し脂があるくらいで掃除は終了。骨を外す前と比べると、掃除後は4割〜半分くらいの大きさになった。

12 Lボーンステーキ用の骨付き肉を掃除する。刃が細くて厚い、斧型ナイフで背骨を切る。力任せにナイフ全体でたたき切ろうとすると刃が欠けやすいので、少しずつ刃の先端を骨に当てるようにして切る（ナイフの左側の肉が調理用）。

15 割った状態。DABらしい深紅色の肉の断面が見えた。

16 切り離したところ。

9　脂をそぎ取って成形していく。カビ部分は大きめに取る。

10　上のカビ部の脂も全部取る。

13　指3本分の厚さになるよう、包丁の刃先を入れてガイドラインをつくる。

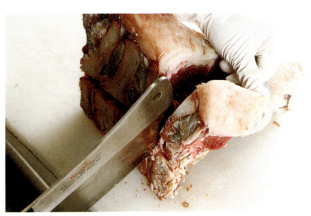

14　包丁を入れたラインに沿って、斧型ナイフで骨ごと割るように切る。

17　切り離した肉をトリミングする。表面から脂とカビを削り取るが、焼くときの身縮みを防ぐため、脂身を5mmくらい残しておく。

18　Lボーンステーキ用に整えた状態。骨付きで650〜700g、可食部が約450g（1ポンド）。

第3章　熟成牛　｜　059

骨付きローストビーフ

大きな塊肉のまま焼きあげたローストビーフは、
肉料理のダイナミックな魅力を実感させる、別格の美味しさ。
「脂のシート」などの高度なテクニックで
きめ細やかな質感と、美しいロゼ色の焼き上がりを実現する。

調理のポイント

熟成肉は通常の牛肉よりも水分量が少なく、火が入りやすい。

肉を脂身のシートで覆い、低温から焼き始めてじっくりと火入れし、火から外した後の余熱も計算に入れて、ていねいに焼き上げる。

熟成肉にはカビが付いていることが多いので、肉をトリミングする際は、衛生面の対策を万全に。

材料（作りやすい分量）

熟成牛の骨付きサーロイン — 2kg
塩（海塩）— 14g
バター、ニンニク — 適量
タイム — ひと枝

付け合わせ（作りやすい分量）

レンズ豆の煮物
レンズ豆 — 100g
オリーブオイル — 20ml
ソフリット（p.43参照）— 40g（大さじ1）
保存肉（生ハム、ベーコン、パンチェッタなど）の切れ端 — 5g
白ワイン — 30ml
水 — 180ml
塩 — 2〜3g
ローズマリー — ひと枝

工程

❶ 肉の脂身やカビを削り取る
❷ 脂身でシートを作り、肉の断面を覆う
❸ 脂身シートをタコ糸でしばって固定する
❹ フライパンで軽く焼き（4〜5分）、表面の脂を落としたら、コンベンションオーブンで焼く（40〜50分）
❺ 肉を返し、さらに焼く（芯温が40℃になるまで）
❻ オーブンから出し、フライパンでアロゼする
❼ 1時間休ませてから肉を切り分ける

調理前

調理後

プロセス PROCESS

Chef's Tips
カビの付いていない脂身は、挽き肉用などに使えるので、取り分けておきます。

1　掃除した熟成肉の骨付きサーロインロースのブロックから、2kgを切り分ける。

2　脂身やカビを取り除く。カビには直接触らないようにする。カビに接触した手・包丁・まな板を、肉のきれいな部分に接触させないこと。触れた場合は食品用エタノールで消毒する。

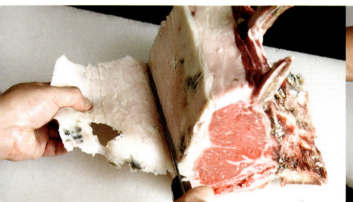
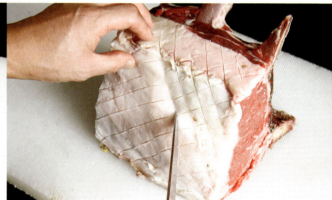

5　肉を焼いたときの身縮みを防ぐために脂身は残しておくが、カビは削り取る。火の入り方を均一にするため、脂身は削って1cmの厚さに整える。

6　焼いている間に溶けた脂を落とすため、包丁で脂身に斜め格子状の切り込みを入れる（切り目の深さは2〜3mm）。

9　肉の断面に、脂身のシートを貼り付ける。

Chef's Tips
この脂身シートが肉をガードするので、しっとりやわらかく火が入ります。

10　脂身のシートがはがれないように、タコ糸でしばって固定する。焼いているうちに肉が縮んで浮きやすいので、ていねいに、ややきつめにしばる。

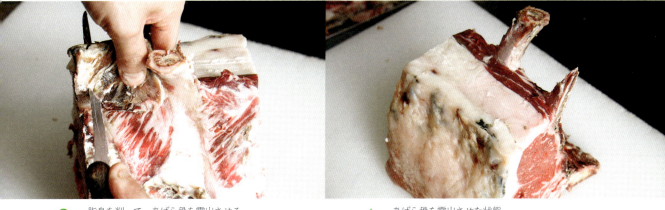

3　脂身を削って、あばら骨を露出させる。

4　あばら骨を露出させた状態。

7　全面に塩をたっぷりと振る。溶けた脂と一緒に流れ落ちるので、塩は多めに。胡椒は肉の味・香りの邪魔になるので不要。

8　カビの付いていない脂身を切り分けてシートを2枚作る。最初のカットで切り落とす寸前で刃を止め、次のカットで切り落として開くと、断面の2倍の大きさになる。

11　肉と脂身シートをすき間なく固定した状態。タコ糸は縦横に交差する部分でからませ、しっかりとしばる。

12　油を引いていないフライパンに、平らな面を下にして肉を入れ、軽く焼いて脂を少し落とす。4〜5分後、フライパンのまま144℃のオーブンに入れて40〜50分焼く。

13 オーブンから出し、ジュージューと溶け落ちた脂をスプーンで骨の上にかける。肉が白くなるまで5分程度繰り返す。最初に出る脂はクセがあるので、溜まった脂はフライパンからすくって取り除く。

14 フライパンに接している面をひっくり返す。

> **Chef's Tips**
> 最初に出た脂と違って、二度目以降の火入れで出る脂は味がいいから、たっぷりかけます！

16 芯温が40℃に達したらコンベクションオーブンから出し、タコ糸を切って外す。脂のシートはフライパンに戻し、骨を下にした状態で肉を置く。

17 15〜16のコンベクションオーブンでの火入れで溶け出た脂を、スプーンですくってボウルに集め、肉の上から回しかける。

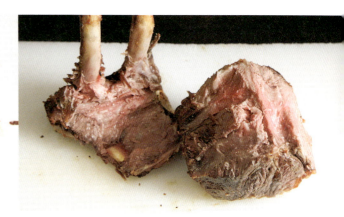

19 アロゼして焼き上がった肉は、暖かい場所で1時間休ませてからカットする。L字形の骨に沿って包丁の刃を入れ、手ではがす。手ではがせない筋は包丁で切る。

20 底の部分（骨）を切り、直角（L字状）に包丁を入れると肉がはがれる。骨や筋から切り離した状態。肉の内部はロゼ色になっている。

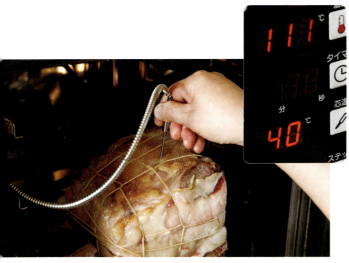

15　予熱したコンベクションオーブンにフライパンごと肉を入れ、温度チェッカーを肉の中心に挿し、芯温を40℃に設定する。庫内温度は111℃に設定。

18　フライパンにバター、タイム、つぶしたニンニクを入れ、肉の上にタイムを乗せてアロゼする。側面にもたっぷりかけてこんがりさせる（火はもう入っているので香り付け）。

21　厚さ3mm程度にスライスして提供する。

> **付け合わせの作り方**
>
> **レンズ豆の煮豆**
>
> 鍋にオリーブオイルを入れ、水でもどしていない（乾物の）レンズ豆、ソフリット、保存肉のみじん切りを入れて軽く炒める。
>
> 水と白ワインをひたひたになるまで加えて火にかけ、沸騰したら一度アクを取る。
>
> アルミホイルやペーパーなどで落としブタをし、とろ火で、煮崩れないように小一時間煮る。やわらかく煮えたら塩を入れて味を調える。
>
> **仕上げと盛り付け**
>
> 豪華さや迫力が出るように、大きく盛り付けるのがポイント。
>
> 骨付きの部分を屏風のように立て、前方にスライスした肉を並べ、後方に切り分けていない塊肉を置く。
>
> タイムとローズマリーを肉に乗せ、手前にレンズ豆を添える。

Lボーン炭火ステーキ

炭火のみで焼き上げる豪快な骨付きステーキは
肉好きのゲストたちが歓声をあげるひと皿。
炭の香りが付いてこんがり香ばしい肉の表面と、
内部のねっとりなめらかな食感のコントラストが、食欲をそそる。

調理のポイント

肉は何度ひっくり返してもいいので、ときどき指で弾力（焼け具合）を確認しながら、両面を同じ時間だけじっくりと焼く。肉に引火した炎は息を吹きかけて消したり、うちわで扇（あお）いだりして消すこと。表面がやや黒焦げに見えるくらいが、ベストな焼き具合だ。

仕上げの「炭火に砂糖を撒（ま）いてファイヤー」は肉焼きの見せ場！ すごく美味しそうな、かぐわしい香りがつくので、お試しあれ。

材料（2人分）

熟成牛の骨付きサーロイン ― 700〜800g（可食部450g）
バター ― 30g
グラニュー糖 ― ひとつかみ

付け合わせ（作りやすい分量）

クレソンとオレンジのサラダ
クレソン ― ひと枝
オレンジ ― 1/8個
塩 ― 少々
EVO ― 5ml
クルミオイル ― 5ml

岩塩（皿に盛る用）― 適量

工程

❶ 肉をカットし、脂身に切り込みを入れる
❷ 炭火で8割ほど火を入れる
❸ 炭を移動して高温にする
❹ 肉を炭火に戻し、バターを乗せる
❺ グラニュー糖を振って引火させる
❻ 休ませずに切り分けて提供する

調理前

調理後

プロセス PROCESS

1 骨付きサーロイン肉を指3本分の厚さにカットする。脂が溶け落ちやすいように、側面の脂身に、深さ5mmくらいの斜め格子状の切り込みを入れる。

2 肉の両面に軽く塩を振る。側面には塩は不要。

5 骨は炎に当たって黒焦げになっても問題ない。骨に引火したら吹き消す。

6 5分焼いた状態。ときどき肉をトングでつかんで立て、脂を落とす。

9 13分焼いた状態。目指す弾力（硬さ）になった。肉の内部に火が通り、肉が盛り上がって厚みが増している。

10 仕上げに入る前に肉を炭火から外し、1〜2分暖かい場所に置いて落ち着かせる。

3 炭火（強火の近火）の上に肉を乗せる。店では、網の位置は近火になるよう低めに置く。炭は、奥が強火になるように多めに、手前は弱火になるように少なめに置いている。

4 引火しない場所を選んで、骨の際に強火が当たるように肉を置く。炎が多少身に当たってもよい。脂を落とすために、肉は何度ひっくり返してもよい。

7 炭の煙の香りが付きすぎないように、うちわでときどき扇ぐ。

8 10分焼いた状態。焼き色がこんがり付いている。焼け具合を判断するために、指で肉の中央を押して弾力（硬さ）を確認する。

Chef's Tips
親指と人さし指を合わせたときの、親指の付け根の弾力（硬さ）くらいまで火を入れます。

11 炭を奥の方に集め、高温の場所を作る。

12 肉を網の高温の場所に乗せる（p.26参照）。

> **Chef's Tips**
> バターと砂糖の焦げたキャラメルっぽいおいしい香りを、肉にまとわせます！

13 バターを肉の上に乗せる。

14 炭火にグラニュー糖を振りかけて、引火させる。肉にはグラニュー糖がかからないように。

17 骨の際に沿わせるように包丁を入れて切る。

18 骨に沿って包丁で骨を切り落とす。

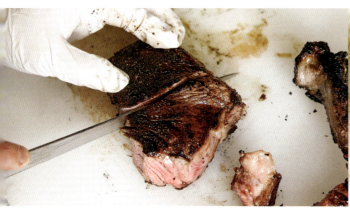

19 肉を2つに切り分ける。

20 ちょうどよいミディアムレアに焼き上がった。肉をときどき火から外して落ち着かせながら焼くので、焼き上げた後は休ませずに提供してよい（p.27 参照）。

15 2分後、焼き上がり。肉の表面に乗せたバターが少し残る程度でOK。

16 炭から外し、バットに移す。

付け合わせの作り方

クレソンとオレンジのサラダ

クレソンの茎を、食べやすいように3cmほどにカットしてボウルに入れ、薄皮をむいたオレンジの身、塩、EVO、クルミオイルを混ぜて、さっと和える。

仕上げと盛り付け

焼いた肉の断面の赤色がよく見えるように、肉の切り口を上にして、皿の中央に乗せる。
もうひと切れの肉は、こんがりとした焼き色を見せるように、中央の肉に立てかける。
肉を囲むように、クレソンとオレンジのサラダを左側に盛り、右側手前に岩塩を添える。

厚切りステーキ

厚めにカットした熟成牛を、フライパンでていねいに焼き上げた、
「美味しいお肉！」と誰もが満足できる、基本にして王道のステーキ。
美しいミディアムレアの焼き上がりで、
熟成牛ならではのナッツのような香りと脂身の甘さが際立つ。

💡 調理のポイント

　火の通りやすいフライパンでも、シンプルに肉のうま味が伝わる極上ステーキを焼くことができる。

　指3本分の厚さにカットした肉の、上下の指1本分の厚さにしっかり火を通し、中間の指1本分は余熱で熱を伝えるように焼くと、ちょうどよくジューシーに焼き上がる。

　フライパンに溜まった脂はマメに取り除くことが、軽やかな焼き上がりのためのコツ。

材料（1人分）

熟成牛のロース ― 200g
バター ― 20g
EVO ― 10ml
ミント ― 1.8g
塩（海塩）― 2g

付け合わせ

カブ ― 1個
燻製パプリカパウダー ― 1g
ポルト酒 ― 50ml
塩（海塩）― 1g
ミント ― 少々

工程

❶ 肉をカットして形を整える
❷ 側面の脂に斜め格子状の切り込みを入れる
❸ フライパンで両面を焼く（1分×両面×3回＝計6分））
❹ フライパンで焦がしバターを作る
❺ 火を止めてフライパンに肉を戻す
❻ アロゼしてバターの香りを付ける

調理前

調理後

プロセス PROCESS

Chef's Tips
上下の指1本分はしっかり火を通し、中間の指1本分は間接的に熱を伝えたいので、火入れしやすい指3本分の厚さで切ります。

1　肉を幅6〜7cm、厚さ指3本分にカットする。

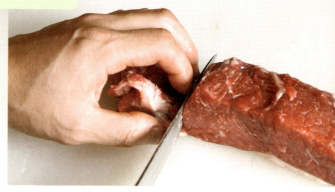

2　脂身を取り除く。

5　肉の重量の0.9％の塩を、両面に振る。

6　中弱火で熱したフライパンに、切り落とした脂を押し付けて全体に脂を引く。

9　トータルで両面を1分ずつ2回焼く（1分×両面×3回＝計6分）。画像は最初に表面を1分焼いてひっくり返した状態。

Chef's Tips
肉は何度ひっくり返してもOK。両面で焼きムラを付けたくなければ、各面を焼く時間を「○分ずつ」と決めてひっくり返すようにすると、両面均等に火が入ります。

10　最初に裏面を1分焼いてひっくり返した状態（二度目の表面を焼いている）。

3　脂を切り取って整えた状態。

4　脂が落ちやすいように、肉の側面の脂に包丁で斜め格子状の深さ1〜2mmの切り込みを入れる。

7　盛り付けたときに上になる面を先に焼く。

8　フライパンに肉を入れた瞬間、ジャー！という強い音ではなくジリジリと鈍い音がするくらいの中火で焼く。

11　側面を見ると、表裏の両面から火が入ってきたが、中央の赤い（生の）部分がまだ多い。

12　二度目の表面を焼き終わってひっくり返し、二度目の裏面を焼いている状態。表面にいい焼き色が付いてきた。

13 両面で計6分焼いたら、指で側面を触ってみる。親指と人さし指をくっつけたときの、親指の付け根くらいの弾力になっている。

14 肉から溶け出た脂がフライパンに残っていると、肉の味が脂っこく重たくなってしまうので、ペーパーでこまめに拭き取る。

Chef's Tips
バターのミルキーな香りは熟成牛と相性がいい。肉の脂をきれいに拭き取ってから仕上げにバターを使うと、ステーキの美味しさがアップします。

17 フライパンから肉を出し、仕上げの工程に入る。香り付けのため、フライパンにバター、ミント、EVOを入れ、火をつけて、焦がしバターを作る。

18 溶けたバターの気泡が消えたところで、フライパンの火を止める。

19 肉をフライパンに戻す。

20 溶けたバターをスプーンですくい、肉の側面を中心に、全体にかける。

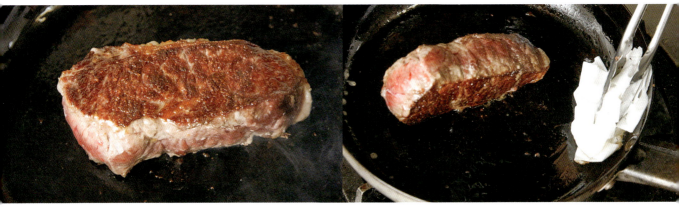

15 ほぼ焼き上がった状態。側面を見ると、上下の指1本分に火が入って白くなり、中間の指1本分が赤い（生）。

16 指で触って、親指と中指をくっつけたときの、親指の付け根くらいの弾力になっていたら火を消す。脂身付きの側面がフライパンに接するように立て、2分間置いておく（余熱で脂身だけに火を入れる）。余分な脂はきれいに拭き取る。

付け合わせの作り方
カブの皮をむいて厚さ2mmにスライスし、軽く塩揉みして水気を絞る。小鍋にポルト酒、パプリカパウダー、塩を入れて沸かし、冷ましてからカブを入れて漬ける。

仕上げと盛り付け
器の手前側に肉を置く。カブの漬け汁を絞り、器の奥側に円錐形のようにふんわりと立体的に盛り、ミントを散らす。
※いい肉をシンプルなステーキにしたので、ソースは使わず、ポルト酒の香りを添えるための箸休め的な付け合わせを添える。

香草パン粉焼き

肉にまぶした香草パン粉に
オリーブオイルをしみ込ませて焼いた、「揚げない」焼きカツレツ。
パルミジャーノ風味のサクサクこんがりした衣が、うま味の濃い肉にぴったりと調和する。

調理のポイント

油で揚げないパン粉焼きは、ライトな味わいながらボリューム感を出せる便利な調理法。肉に直接火が当たらないので、内部をやわらかくしっとり仕上げられる。

衣をつける前に肉に施すマスタードやパルミジャーノのひと手間で、料理に軽快なリズムが加わる。

材料（1人分）

熟成牛の芯ロース（リブロースの中央部）
　—（脂身を外して）200g
塩 — 2g
オリーブオイル — 40ml
マスタード — 5g
パルミジャーノ・レッジャーノ（粉）— 5g
香草パン粉※ — 30g
※パン粉27gに、オレガノのみじん切り3gを混ぜたもの

付け合わせ

トレビス — 2枚
ペコリーノ・ロマーノ — 10g
ハバネロ入りバルサミコ — 10ml

ソース

ピスタチオペースト — 5g
ピスタチオ — 2g
クレーム・ドゥーブル
　（酸味のある濃厚な発酵生クリーム）— 20ml
白ワインビネガー — 3ml
ガルム（イタリアの魚醤）— 1ml

工程

❶ 肉から脂身を取り除く
❷ 肉の両面に塩を振り、片面にマスタードを塗る
❸ パルミジャーノを振りかける
❹ 香草パン粉を付け、オリーブオイルをかける
❺ フライパンに肉を入れ、もう片面にも❷〜❹の工程を施す
❻ 弱火で焼き（10分）、ひっくり返す
❼ フライパンのままオーブンに入れて焼く（220℃で4分）

調理前

調理後

プロセス PROCESS

1　芯ロースの塊肉から、指3本分の厚さをカットする。

2　指3本分の厚さ（左側）に刃を入れたところ。

5　完全な赤身に整えた状態。

6　肉を金属皿に移し、両面に薄く塩（肉の重量の1％）を振る。側面には塩は不要。

9　さらに香草パン粉を振りかける。

Chef's Tips
マスタード、香草パン粉、パルミジャーノのハーモニーで、普通の牛カツとは全く違う、イタリア料理ならではの味になります。

10　香草パン粉の上に、まんべんなくオリーブオイルを振りかけ、なじませる。

3　脂や筋を取り除く。

4　薄い脂も、包丁の刃でそぐように切り取る。

7　片面に薄くマスタードを塗る。

8　パルミジャーノの粉を、マスタードの上から薄く振りかける。

11　火をつけずに、フライパンに香草パン粉の付いた面から肉を入れる。

12　フライパンに入れた肉を、手で押し付けて密着させる。

13 反対側の面にも **7〜10** の工程を行う。

14 弱火でじっくり焼く（10分）。熱でパルミジャーノが溶けて、肉と衣が結着する。

16 フライパンを揺すって、肉がすっと動くようになったら、ひっくり返す。

17 ひっくり返した状態。衣がこんがりとしたキツネ色に焼けている。

15 10分ほど焼いた状態。

18 フライパンのままオーブンに入れ、220℃で4分焼いて、カリッと仕上げる。

ソースと付け合わせの作り方

付け合わせ
トレビスは、砂糖と塩を5対2で加えた沸騰した湯で、さっと10秒ゆがき、ハバネロ入りバルサミコをかける。
ペコリーノ・ロマーノは、1本5gほどのスティック状に切る。

ソース
ピスタチオをローストして砕き、キュウリは粗みじん切りにする。クレーム・ドゥーブル、白ワインビネガー、ガルムを混ぜた液体で、ピスタチオペーストをゆるめにのばす。

仕上げと盛り付け
肉を皿の中央に置き、手前にピスタチオソースを丸く広げ、キュウリと砕いたピスタチオを散らす。
皿の奥にトレビスとペコリーノ・ロマーノを盛る。
濃厚なソースと付け合わせが、コクのある肉にマッチする。

クリームシチュー（フリカッセア）

トスカーナの郷土料理「フリカッセア」は、お肉感たっぷりのクリームシチュー。
クリームソースは軽い舌ざわりで、肉のうま味をダイレクトに味わえる。
春や夏も食べたくなる、八角やレモンの風味が効いた
おしゃれな煮込み料理。

調理のポイント

「シチューやカレーは、何よりもソースを美味しく食べさせる料理」と考えている。目指すのは、肉のエキスやうま味を最大限にソースに引き出すこと。

そのために、肉の表面はあえて焼き固めない。生肉を水に入れて煮始める。ソースは小麦粉のルーではなく卵黄でとろみをつけ、軽く仕上げる。

高価な熟成牛は余さず活用したいので、この料理のような煮込みやブロードにして、端切れ肉の最後のひと切れまで使い切る。

材料（5人分）

- 熟成牛（サーロインの切れ端か、モモ肉を成型したときのくず肉）— 600g
- ニンニク — ひとかけ
- 八角 — 1個
- ソフリット（p.43参照）— 50g
- 水 — 3L
- 生クリーム — 200ml
- 卵黄 — ML玉2個分
- 塩 — 5〜7g
- 水溶きコーンスターチ — 適量
- レモンのスライス — 1枚

工程

1. 肉を切り、塩を揉み込む
2. 水に肉、ニンニク、八角を入れて煮る（2時間）
3. ソフリットを加えて煮る（30分）
4. 生クリームの8割くらいを加えて煮る
5. 残りの生クリームに卵黄を混ぜて加え、とろみをつける
6. （とろみが足りなければ）水溶きコーンスターチで調整する

調理前

調理後

プロセス PROCESS

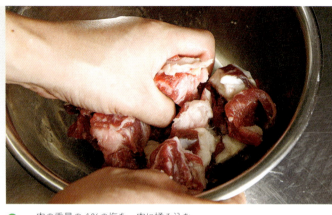

1 くず肉をひと口大に切る。

2 肉の重量の1%の塩を、肉に揉み込む。

5 2時間煮て、水分が半量に煮詰まった状態。

6 ソフリットを加えてさらに30分煮る。熟成肉の出汁に、野菜の出汁のようなうま味が重なる。

9 弱火で加熱し、ひと煮立ちさせる。熱による卵の凝固作用で、カルボナーラのようなとろみがつく。

10 水分量が多く、とろみが足りない場合は、水溶きコーンスターチを適量加えて加熱し、濃度を調整する。

Chef's Tips
煮込む前に肉の表面を焼き固めることは、自分はしません。肉のうま味をソースに出し切ります。

3　鍋に水を入れ、肉、ニンニク（つぶさないで丸のまま）、八角を入れて、強火にかける。

4　煮立ったら1回だけアクを取り、弱火で2時間（水が半量になるまで）煮詰める。

Chef's Tips
煮込むとき、あまりフタはしません。蒸れて美味しくなくなる感じがするんです。

7　生クリーム200mlのうち8割くらい（約160ml）を加えて煮る。

8　残りの生クリームに卵黄を2個分入れて、よくかき混ぜる。鍋の火を止め、卵黄入りの生クリームを混ぜながら加える。

11　混ぜ合わせてでき上がり。

仕上げと盛り付け
深さのある器に、中央部が盛り上がって高くなるようにシチューを盛り、上に輪切りにスライスしたレモンを乗せる。

第 4 章　羊

羊（ラム）
調理の考え方と方向性

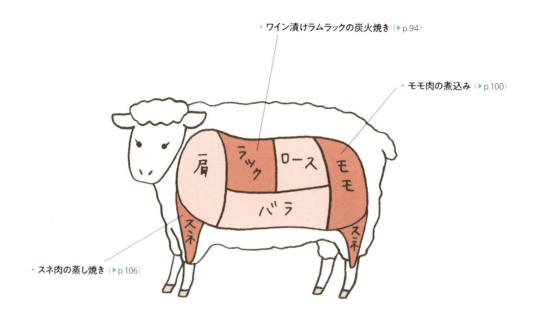

- ワイン漬けラムラックの炭火焼き（▶p.94）
- モモ肉の煮込み（▶p.100）
- スネ肉の蒸し焼き（▶p.106）

　羊を日常的に食べる人は日本ではまだ多数派ではないようだが、イタリアでは日常的によく食べられている。

　仔羊（ラム）のモモ肉はあっさりミルキーな味わいで、牛や豚よりも水分が多くやわらかい。みずみずしくジューシーに、弾力を活かしてプリッと仕上げるには、低温からじっくり加熱すること。

　一方、スネ肉はコラーゲンなどのゼラチン質が豊富で、しっかり焼き目をつけると香ばしくて美味しい。また、加熱するとねっとりと粘り気のある舌ざわりになるので、煮込む際は汁を多めにするとよい。

　肉の魅力を最大限に引き出すためには、肉のあらゆる性質を計算に入れ、最適な調理プランを立てたい。

羊を扱う際の注意

💡 牛肉や豚肉よりも水分が多い分傷むのが速いので、早めに調理して使い切る。

DATA

- 仔羊の脚肉と背肉：フランス、シストロン産。（生後70〜150日、13〜19kg）
- 仔羊のスネ肉：ニュージーランド産。（生後120〜150日、16〜18kg）

下処理前

下処理プロセス PROCESS 仔羊の脚肉

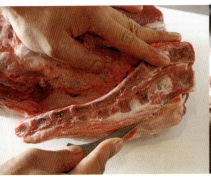

1 肉から骨盤側の骨を外す。骨に沿って包丁（デゾッセナイフ）を入れる。

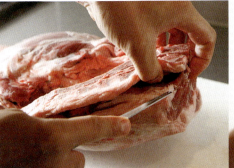

2 切った部分に指を差し込み、骨を確認しながら切り進める。

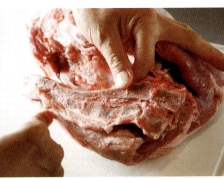

3 骨の段差に沿わせて、刃先の角度を変えて削るように切る。

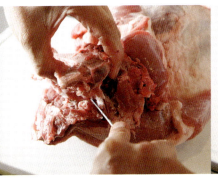

4 切った部分をはがすようにして、指で奥の骨を探る。

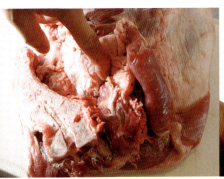

5 指を差し込み、モモの付け根（股関節）の骨の場所を確認する。

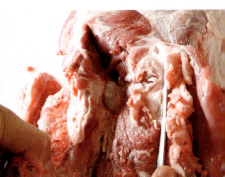

6 奥に見えているのが、股関節の球状の骨。

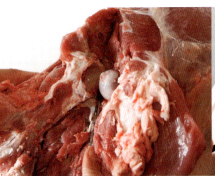

7 骨に沿って包丁の刃を入れ、股関節が外れるようにする。

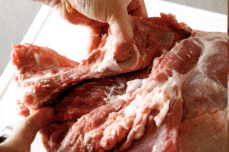

8 包丁で切り開き、股関節を外したところ。

9 骨に付いている筋や皮を切り落とす。

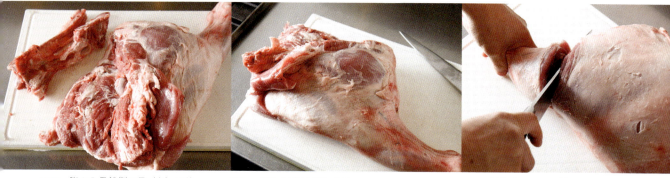

10 脚から骨盤側の骨（左）が外れた。骨は焼いて出汁を取るのに使える。

11 脚をさばく工程に入る。

12 足先をつかんで揺らし、ぐらぐら動くひざ関節の場所を確認して包丁を入れる。

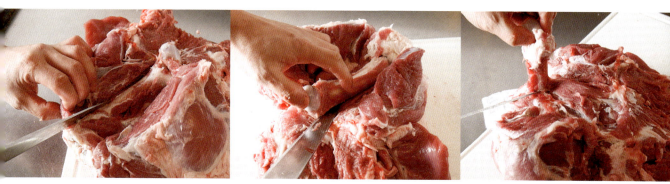

16 骨に沿って刃先を進める。

17 骨の下側に刃先を回り込ませ、刃を回転させて骨をえぐるようにする。

18 刃でえぐるようにして骨を外したところ。

22 モモ肉から中骨と関節の軟骨を取り除いたところ。

23 中骨があった場所から包丁で二つに割る。

24 余分な脂や皮を切り取る。

13　関節の真ん中にある軟骨を切る。軟骨はやわらかいのでスパッと切れる。

14　モモ肉とスネ(左上)に分かれた。スネはくるぶし(くびれた部分)から先を切り落として、蒸し焼き(p.106)などに使う。

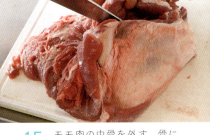

15　モモ肉の中骨を外す。骨に沿って包丁の刃を入れる。

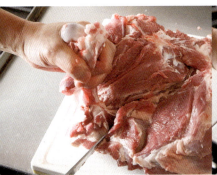

19　骨に付いた筋を切り取る。

20　骨を引っ張りながら、周囲の腱を包丁で切り取る。

21　ひざ軟骨を切って外す。

25　二つに割ったモモ肉を、皮を外側にロール状に整えて完成。煮込み(p.100)などに使う。

ワイン漬けラムラックの炭火焼き

美しいロゼ色に焼き上げた、ミルキーなラムラック。
コクのある漬け汁をたっぷり含んだ
ジューシーな肉を嚙みしめてもらうため、
厚めにカットして提供する。

調理のポイント

ラムの風味を引き立てる漬け汁の分、肉の水分量が増す。一般に、水分の多い肉はスピーディーに焼こうとせず、少しずつ火を通すほうが、肉汁がとじ込められてジューシーに焼き上がる。火が入って肉がプリンと膨張してきたら、火から外して休ませること。ここでは3回に分けて3〜7分ずつ焼き、毎回3分の休みも入れながら焼き上げる。

材料（1人分）

ラムラック ― 300g
赤ワイン ― 500ml
ガルム（イタリアの魚醬）― 100ml
オリーブオイル ― 10ml

付け合わせ（作りやすい分量）

ズッキーニのライムマリネ
ズッキーニ ― 1/8本
ライム果汁 ― 1/8個分
ミントの葉 ― 少々
塩 ― 少々

マンゴー ― 1/10個
姫ニンジン ― 1本
キクイモ ― 1個
揚げ油、塩 ― 各適量
赤アンディーブ ― 1枚
ヴィネグレットソース（酢とEVOを1対3で混ぜ、塩・胡椒で味を調えたもの）― 大さじ1
砂糖 ― 少々
塩（岩塩）― 少々

工程

❶ ラムラックから余分な肉を外し掃除する
❷ 漬け汁に漬け込む（半日〜1日）
❸ 炭火で焼く（3回に分けて休ませながら）

調理前

調理後

プロセス PROCESS

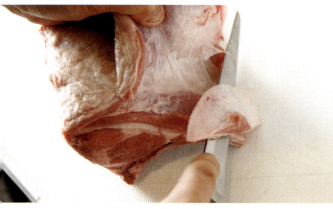

1. ラムラックの掃除をする。脂身の表面の薄皮（膜）を取り、肩の肉をめくって、内側に入っている半月状の軟骨を切り取る。

2. 肋骨の上に付いた肉や膜を削り取ってから、縦に肋骨に沿って包丁の刃先を入れ、肋骨の外側の肉を外しやすくする。

5. 背骨を取り外す。背骨に沿って包丁を入れ、ブッチャーナイフなどでたたき切る。

6. 背骨を切り取ったところ。硬い筋や脂肪も切り取る。

9. 漬け込んでワイン色になった肉を出し、ペーパータオルで水分を取る。両面にオリーブオイルをかけると、焼いている間に水分が失われにくく、網にもくっ付きにくくなる。

10. 炭火で焼く。火加減は遠火の強火で、脂身のほうから焼く。3〜7分焼いたらひっくり返す。

Chef's Tips
ワイン漬けにして水分が増した肉は、スピーディーに焼こうとしても美味しく焼けない。3〜7分ずつ、休みも入れて、3回に分けて火を通します。

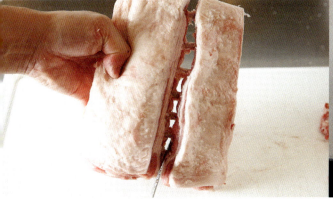

3 肋骨の付け根から外側の部分を外していく。まず肉の脂身側から、肋骨の付け根を横断するように切り込みを入れる。

4 続いて肋骨に沿って縦に刃先を入れ、肋骨の付け根から外側に向かって刃を動かし、外側の肉を取り外す。刃先で肋骨に付いた筋膜や筋をはがす。

7 ラムラックの掃除が完了した状態。ラムラックは掃除すると劣化が速いので、調理の当日に掃除するとよい。

8 赤ワインとガルム（イタリアの魚醬）を合わせた漬け汁にラムラックの肉がつかるように入れ、冷蔵庫で半日から1日漬け込む。漬け汁はワインにガルムを加えることで、うま味とコクが増す。

11 肉は何度ひっくり返してもよい。肉の厚みが薄い部分は火が入りやすいので、様子を見て炭火からときどき外しながら焼く。

Chef's Tips
炭は左側手前から右側奥に向かって、右上がりに量が増えるように配置（p.26参照）。肉を置く場所で火力をコントロールします。

12 肉をひっくり返し、最初の面を焼いたのと同じ時間（3～7分）、反対の面を焼く。

第4章 羊 ｜ 097

Chef's Tips
一度に焼く時間は短くし、肉に火が入って張ってきたら、炭火から外して肉に余熱をゆき渡らせる。このプロセスを何度も繰り返すことで、まんべんなく焼き上がります。

13 火が入ると肉の組織に血が回って膨張する。肉がプリンと張ってきたら、いったん火から外す。

14 火の近くの暖かい場所で、3分ほど休ませる。

16 ひっくり返し、反対側も7分ほど焼く。

17 肉が張ってきて、前より厚みが増しているのがわかる。また火から外して3分ほど休ませる。

19 肉を網に戻して、仕上げの三度目の火入れをする。肉を温め直す程度に1～2分焼く。

20 ひっくり返して反対側も1～2分焼いたら焼き上がり。肉はさらに厚みが増した。

15　再度炭火で二度目の火入れをする。ここでは7分ほど焼く。

> **付け合わせの作り方**
>
> ズッキーニはスライサーで縦に薄くむき、ライム果汁、塩、ミントでマリネする。
>
> マンゴーはフライパンで油を引かずに焼き、香ばしい色と香りが付くまで、マンゴー自体の糖分でキャラメリゼする。
>
> 姫ニンジンは、砂糖と塩を5対2で入れた湯でゆでてからグリルする。
>
> キクイモは厚さ2mmにスライスして、130℃の油で浮いてくるまで揚げ、軽く塩を振る。
>
> 赤アンディーブはヴィネグレットソースで和える。
>
> **仕上げと盛り付け**
>
> 肉と付け合わせが円を描くように盛り付ける。
>
> 皿の右上寄りに、骨付き肉を脂の焼き色が見えるように立て、もうひと切れは肉の断面が見えるように置く。
>
> アンディーブを左上と左下に、その中間にズッキーニをらせん状に巻いて置く。
>
> アンディーブの先端に姫ニンジンとマンゴーを乗せ、キクイモを周囲に散らす。
>
> シチリア産の岩塩を右下に添える。

18　肉の中心に金串を2～3秒刺して温度を確認する。金串が熱くなっていたら火が充分入っている証拠。最後に仕上げの火入れをするまで、肉を落ち着かせる。

21　焼き上がりの肉は内部はロゼ色ながら、休ませずに切っても肉汁はほとんど出ない。4cmの厚さに切り、熱いうちに提供する。

仔羊モモ肉の煮込み

肉はしっとりやわらかで、煮汁のソースはまったりと濃厚。
重めの赤ワインがよく合う、なめらかでリッチな煮込み料理。

> ### 調理のポイント
>
> 骨をオーブンでこんがりと焼き付けてから肉と一緒に煮込むことで、コクのある「ラムコツ」の出汁が出る。煮込み料理では火を止めてから時間を置くことも、美味しく仕上げる秘訣。3時間煮込んでからひと晩置くと、しっとりやわらかな煮込み肉になる。

材料（6人分）

ラム（シストロン産）のモモ肉 — 1200g
塩 — 12g　　米油 — 適量

ソフリット
　玉ネギ、セロリ、ニンジン — 各120g
　オリーブオイル — 50ml

白ワイン — 20ml
ニンニク — ひと玉　　トマト — 1/2個
ローリエ — 2枚　　ローズマリー — 2枝

付け合わせ（作りやすい分量）

紫キャベツのビネガー煮
紫キャベツ — 約150g
バター — 20g　　米油 — 20ml
赤ワインビネガー — 15ml
砂糖 — 3g　　塩 — 2g

ソース
ジロール茸 — 40g
バター — 5g　　シェリービネガー — 10ml
塩、白胡椒 — 各適量
EVO（プーリア産） — 10ml

工程

❶ 肉をタコ糸でしばり、塩を振る
❷ 骨をオーブンで焼く
❸ 肉に軽く焼き色を付ける
❹ 肉と骨を一緒に煮る（3時間）
❺ 肉を煮汁ごとひと晩置く
❻ 煮汁を煮詰めてソースにし、肉を入れて温める

調理前

調理後

プロセス PROCESS

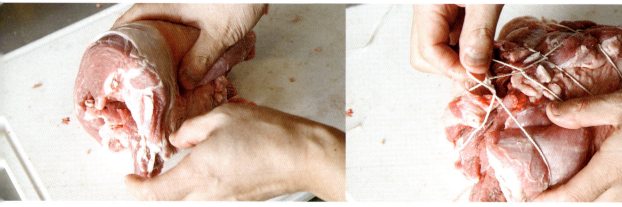

1 ラムのモモ肉を、皮を外側にして内側に丸めるように巻く。

2 巻いたモモ肉をタコ糸でしばる。ラム肉は水分が多くやわらかいので、しっかりとしばる。

5 モモ肉を下処理・掃除した際に外した骨を、しっかり焼き色が付き香ばしくなるまでオーブンで焼く。

Chef's Tips
焼いた骨を肉と一緒に煮込むと、肉だけでは出せないうま味たっぷりの出汁が出ます。

6 米油を引いたフライパンに肉を皮目から入れ、全面をロゾラーレする（軽くキツネ色に焼く）。

9 深めの鍋でソフリットを作る（店では作り置きを常備している）。

10 ソフリットを作った鍋に、5の焼いた骨と、モモ肉を入れる。

3　しばり終わった状態。

4　肉の重量に対して1%の塩を、全体に軽く振る。断面にも塩を振る。

7　断面も焼き付ける。

8　皮目にきれいな焼き色が付いた状態。

11　白ワインと水を1対3の割合で、肉と骨が浸る深さまで注ぐ。

12　このくらいの深さまでワインと水をたっぷり入れ、中強火にかける。

13 横半分に切ったニンニクひと玉とトマト、ローリエ、ローズマリーを加える。

14 沸騰したら一度だけアクを取り、火を弱火にして煮る。

16 鍋から肉を引き上げる。

17 煮汁をザルでこし、肉を煮汁ごとひと晩置く。

19 煮汁を目の細かいシノワでこして、小鍋で煮詰める。

20 煮汁の量が半分になり、とろっとするまで煮詰めてソースのベースにする。

15 3時間煮たら、鍋を火からおろす。

> **ソースと付け合わせの作り方**
>
> **付け合わせ**
>
> 紫キャベツは長さ5cm、幅2cmの短冊状に切る。鍋にバター、米油、紫キャベツ、砂糖、塩を入れてフタをし、極弱火で15分、やわらかくなるまでキャベツの水分だけで蒸し煮にする。焦げ付かないようにときどきフタを取ってかき混ぜる。
>
> 15分後、フタを外して赤ワインビネガーを入れ、中火にして水分を蒸発させる。
>
> **ソース**
>
> 小鍋に肉ひと切れ（130g）とモモ肉の煮汁180mlを入れて火にかけ、肉が熱くなったら引き上げる。
>
> 縦半分に裂いたジロール茸を入れて、煮汁の水分が半量になるまで煮詰める。
>
> シェリービネガーとバターを入れて、塩・胡椒で味を調える。
>
> **仕上げと盛り付け**
>
> 深皿に紫キャベツを敷き、中央にモモ肉を置く。ソースをかけ、肉の上にジロール茸を乗せる。
>
> フレッシュな苦みのあるプーリア産のEVOを全体に回しかけて、提供する。

18 煮汁ごとひと晩置くことで、煮汁が肉にしみ込んで美味しくなる。

21 肉のタコ糸を外し、厚さ2cm（ひと切れ130g）にカットする。

仔羊スネ肉の蒸し焼き（スティンコ）

香りのよい白ワインの水分で、骨付きのスネ肉を蒸し焼きに。
ホッとするようなあっさりめの味わいながら、ねっとりしたスネ肉特有のうま味も満喫できる。

調理のポイント

コラーゲンやゼラチン質が豊富なスネ肉は、オーブンで蒸し焼きにする前に、香ばしい焼き目をしっかり付けたほうが単調にならず美味しくなる。

塩・胡椒はしっかりと、白ワインもたっぷり用いることで、肉をシンプルで深みのある味に仕上げる。

材料（6人分）

ラムの骨付きスネ肉 — 300g×6本
米油 — 30ml
セロリ — 2本
玉ネギ — 2個
ニンジン — 1/3本
セージ、ローズマリー — 各5g
ニンニク — 3かけ
白ワイン — 540ml
塩（海塩）— 15g
黒胡椒 — 適量
EVO — 10ml

付け合わせ（作りやすい分量）

キクイモ — 150g
ローズマリー — ひと枝
米油 — 少々

工程

❶ 肉に塩・胡椒を振る
❷ 米油で焼き付ける
❸ 鍋に野菜・ハーブ類を入れ、肉を乗せる
❹ 白ワインを注ぐ
❺ オーブンで蒸し焼きにする（170℃で計1.5時間）
❻ 30〜40分後、肉の上下を一度ひっくり返す
❼ さらにオーブンで50〜60分焼く

調理前

調理後

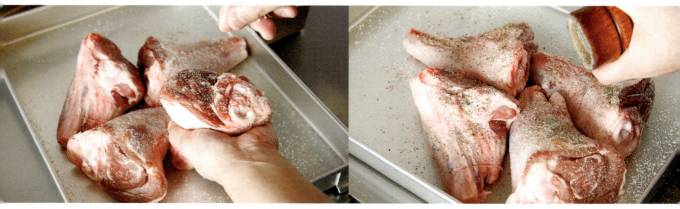

1. スネ肉の全面に塩（肉の可食部の重量の1%）をしっかり振る。

2. 黒胡椒もしっかり振る。

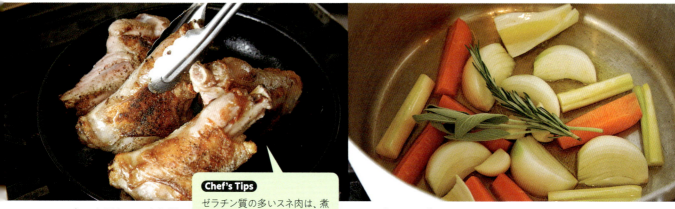

4. 肉の上下をひっくり返し、反対側も5分焼き付ける。

Chef's Tips
ゼラチン質の多いスネ肉は、煮るだけだとやや単調。蒸し煮にする前に香ばしい焼き目を付けると、より美味しくなります。

5. ピーラーで筋を取ったセロリとニンジンを3～4cmの長さの棒状に切り、玉ネギはくし形に切る。深めの鍋に野菜、EVO、セージ、ローズマリー、ニンニクを入れる。

7. 鍋の深さ1cmくらいまで白ワインをたっぷりと回しかける。

8. 鍋にフタをし、170℃のオーブンで計1.5時間蒸し焼きにする。30～40分後に一度オーブンから出して、肉をひっくり返す。水分が減っていたら、肉に直接触れない深さ（深さ1cmくらい）まで水を足す。

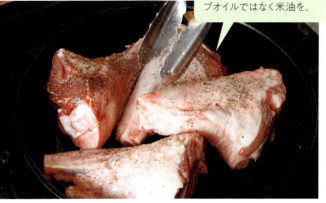

> **Chef's Tips**
> 米油は焦げにくくて香りも強すぎない、万能な油。香りを付けすぎたくない場合は、オリーブオイルではなく米油を。

3 フライパンに米油を入れ、肉に焼き色を付ける（ロゾラーレする）。片面を7分、焼き付ける。

付け合わせの作り方
キクイモは皮をむかずに、砂糖と塩を5対2の割合で入れた湯でゆで、7割ほど火を通す。
縦に半分に割り、フライパンに米油を入れて焼く。
表面はカリッと、中はほくほくの食感に仕上げる。

仕上げと盛り付け
深さのある器に、スネ肉とキクイモを立てかけるように立体的に置く。
肉の上にローズマリーを置き、煮汁をかけて提供する。

6 5の上に、塩・胡椒を振ったスネ肉を乗せる。

9 オーブンに戻してさらに50〜60分焼く。骨からほろっと簡単にはがれそうなくらい、肉がやわらかくなったら完成。やわらかく煮えた野菜は、別皿に盛って付け合わせにしてもよい。

第 5 章
豚

豚
調理の考え方と方向性

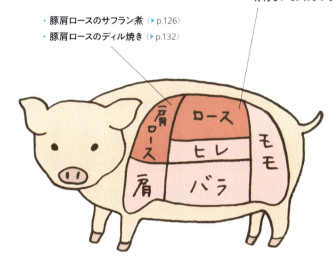

- 豚ロースのアリスタ（▶p.112）
- 骨付きレモンカツレツ（▶p.120）
- 豚肩ロースのサフラン煮（▶p.126）
- 豚肩ロースのディル焼き（▶p.132）

　豚肉は、牛肉などと比べて水分が多い肉だ。強火で短時間の加熱だと、一見上手に焼けているように見えても、切ると肉汁が一気に流出してしまう。

　水分を飛ばして豚肉らしい淡泊なうま味を凝縮するように、じっくりと火入れをするのが正解だ。

　最初は低温から火を入れ、水分が飛んだところに塩やハーブなどの調味料がしみ込むようなイメージで加熱し続け、最後の仕上げ的に火力を強めると、肉汁を閉じ込めてふっくらと火が入る。低温で加熱することで、豚肉らしい甘さや香りも充分に引き出せる。

　いい豚肉を選ぶことも重要だ。カルネヤでは岩手の岩中豚や白金豚、鹿児島の黒豚、沖縄のアグー豚などを使っているが、全般的に北の豚は水分量が多くてやわらかく、南の豚は身が締まっていると思う。それぞれに異なる豚の性質に合わせて、火入れを調整する。

豚を扱う際の注意

- 豚肉は「骨付きロース1本」で仕入れ、その片側（半身）を使っている。下処理は不要。
- 骨付きロースの骨を外すと肉が劣化しやすくなるため、できるだけ骨付きのままミートラップでくるんで保管し、使う分だけを骨から切り離す。

DATA

- 北関東産のもち豚の骨付きロース（4 kg）
※下処理は不要

豚ロースの アリスタ

イタリア語で「最高級」を意味するアリスタは、
半日以上時間をかけて仕込む、フィレンツェのごちそう。
生のハーブの鮮烈な香りを豚肉に移し、さっぱりとした味わいに仕上げる。
どこか「豚の生姜焼き」にも似た、万人に好まれる食べ飽きない美味しさ。

調理のポイント

塩は内側に塗るハーブペーストの分だけで、外側に塩や調味料は不要。塩分やハーブの香りを、内側からじわじわと肉にしみ込ませる。

火の通り方が揃うよう、脂身を均一の厚みに整えるのがポイント。じっくり火入れして焼ききることで、淡泊な豚肉のうま味を最大限に凝縮させつつ、しっとりと焼き上げる。

材料（4〜5人分）

骨付きの豚ロース — 1200g
白ワイン（香り付け用）— 適量

ハーブペースト
　生のローズマリー、生のセージ — 各10g
　ニンニク — ひとかけ（10g）
　粒塩 — 10g（肉の重量の8〜9%）
　白胡椒 — 適量

付け合わせ（作りやすい分量）

赤玉ネギの甘酢煮（アグロドルチェ）
赤玉ネギ — 1個
白ワインビネガー — 30ml
八角 — 1個
砂糖 — 10g
塩 — 3g

白インゲン豆のトマト煮（ファジョーリ・ウッチェレット）のピュレ
白インゲン豆 —（200gを煮て、煮豆90gを用いる）
ニンニク — ひとかけ
オリーブオイル — 10ml
トマトソース — 90ml
セージ — 葉3〜4枚
豆の煮汁 — 20〜30ml

イタリアンパセリ、食用花、粒黒胡椒 — 各適量

工程

❶ 脂身と身の間に包丁を入れて切り開く
❷ 脂身と身の間にハーブペーストを塗り、タコ糸でしばる
❸ 半日から1日、冷蔵庫で寝かせる
❹ フライパンで脂の面を焼き付け、余分な脂を落とす
❺ オーブンで焼き上げる（170℃で計70分）
❻ 肉を休ませる（1時間以上）
❼ タコ糸を外して切り分ける

調理前

調理後

第5章　豚

プロセス PROCESS

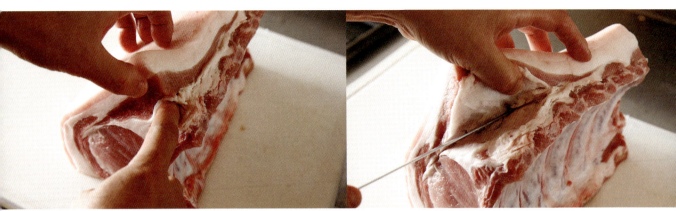

1. この料理では、白い脂身の層を切り開き、その間にみじん切りのハーブを挟んで焼く。まず、脂身の層の間に人さし指を入れて、はがしやすい場所を確認する。

2. 脂身のはがしやすい層の間に包丁の刃を入れ、切り開く。赤身の部分を傷つけないように、ていねいに行う。

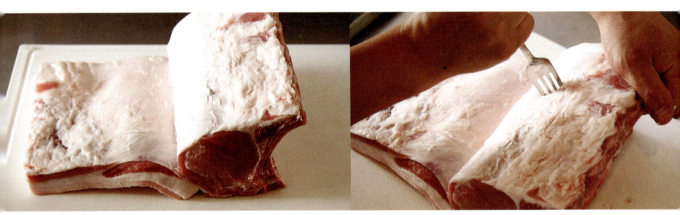

5. 脂の層を切り開いた状態。開いたままの本のような形状になる。

6. 開いた肉の片面（厚みのある面）にだけ、ハーブの香りや塩分が肉に移るように、全体的にフォークを刺して穴を開ける。

9. 8に白胡椒と粒塩を混ぜて、包丁でよく刻んで混ぜ合わせる。

Chef's Tips
塩はフライパンで1分ほど炒り、水分を飛ばしてから加えるのがコツ。飛ばした水分の分だけ、ハーブの香りを吸収します。

10. 6の肉の薄い面（穴を開けていない面）を下にして、上に9のハーブペーストをまんべんなく乗せていく。

3 脂の層は厚みが揃うように(火の入り方が均等になるように)削って整える。層の間の膜は、刃先で切り開く。

4 根元の部分は切らずに残す。

7 肉に挟み込むハーブペーストを用意する。ローズマリーとセージを合わせると、生姜に似た爽やかで軽やかな風味になり、豚肉によく合う。

8 ハーブは枝から葉をむしり取り、極力細かいみじん切りにする。

11 ハーブペーストを乗せ終わったら、本を閉じるように肉を閉じて密着させ、タコ糸でしばって固定する。

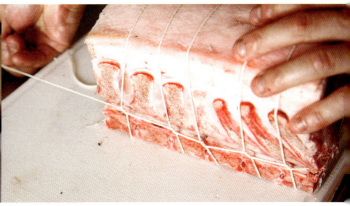

12 内側のハーブペーストから浸透する塩分でちょうど良い塩味が付くので、肉の外側には塩は振らない。

> **Chef's Tips**
> イタリアではハーブを挟んで1日寝かせ、2日目に焼き、(1日休ませて)3日目に食べる。3日間かけて作るごちそうです。

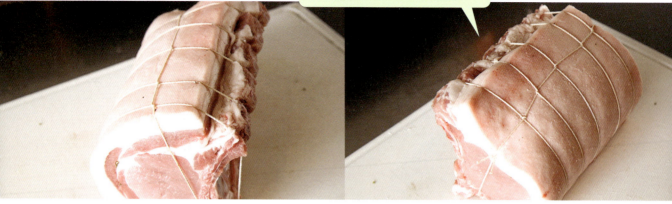

13 タコ糸をかけた状態。骨と骨の間にタコ糸がかかるようにすると、きつくしばることができる。

14 反対側。ラップでくるんで冷蔵庫に入れ、半日から1日寝かせる。

17 脂身にこんがりと焼き色が付いた状態。

18 骨の際に付いている脂身は臭みがあるので、アロゼ（加熱で溶けた高温の脂をスプーンで肉にかける）して落とす。骨の際は火が入りにくいので、何度もアロゼする。

21 170℃のオーブンに入れ、30分焼く。5分おきにオーブンから出して、アロゼしながら様子を見る。

22 30分後、オーブンから出した状態。全体にアロゼすることで肉の乾きを防ぐ。

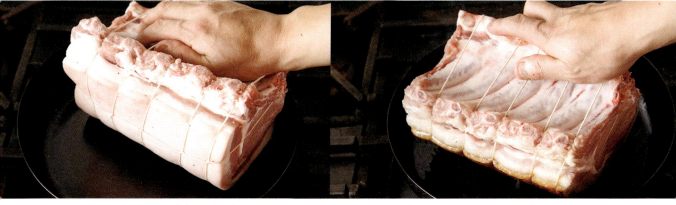

15　焼く3時間前に、冷蔵庫から肉を出しておく。フライパンを熱し、脂を下にして肉を入れ、焼き色を付ける。

16　外側の脂の曲面がフライパンに接するように、手で押さえ付けながら焼き付ける。

19　アロゼして肉の上の面に白く火が入ったら、フライパンに溜まった脂をボウルにあけて捨てる。

Chef's Tips
最初に溜まる脂はクセが強いので、全部捨てます。骨周りの脂は特に臭いが強いので、オーブンで焼く前にアロゼして落とすこと！

20　肉をひっくり返し、背骨のアーチを下にして肉をフライパンに戻す。

23　二度目以降にフライパンに溜まった脂は、最初に溜まって捨てた脂と違って風味がよいので、アロゼでたっぷり肉にかける。さらに30分焼く。

24　トータルで60分焼いたら、溶けた脂をボウルにあける。

25 仕上げに入る。香り付けの白ワイン（適量）を全体にかける。

26 オーブンに戻して10分焼く。

28 最低1時間休ませてから切り分ける。

Chef's Tips
僕の好みは、半日〜1日寝かせたもの。しっとり感がアップ！

29 タコ糸を外し、骨と、タコ糸の跡に沿って包丁の刃先を入れ、きれいに切り取る。

27 焼き上がり。容器に移し、フライパンに溜まった脂をかける。

30 切り開いた断面。外側の脂身はこんがり、中の肉はしっとりとやわらかく、きれいな桜色に焼き上がった。

付け合わせの作り方

赤玉ネギの甘酢煮（アグロドルチェ）

赤玉ネギは全部はがして2cm幅に切る。小鍋に白ワインビネガーと八角、砂糖、塩を入れて火にかけ、赤玉ネギを入れてフタをし、蒸し煮にする。

赤玉ネギに火が通ったら、フタを取って水分を飛ばし、火を止めて冷ます。

白インゲン豆のトマト煮（ファジョーリ・ウッチェレット）のピュレ

トスカーナの定番的な豆料理。水に一日浸してもどした白インゲン豆、ニンニク、オリーブオイルを水1Lに入れて、やわらかく煮る（アクが出るので沸騰させず静かに煮る）。

豆がやわらかくなったら、煮た豆90g、分量のトマトソース、セージの葉をフライパンに入れ、軽く炒め煮にする。

粗熱を取り、豆の煮汁と一緒にフードプロセッサーにかけて、なめらかなピュレにする。

仕上げと盛り付け

白インゲン豆のトマト煮のピュレを、皿に右上がりのラインを描くように置き、視線が肉に行くように、ピュレのラインの起点寄りに肉を置く。

肉はこんがり焼けた脂身がよく見えるように、脂身を手前側にして置く。

イタリアンパセリと食用花、赤玉ねぎの甘酢煮をバランスよく配置し、つぶした粒黒胡椒を添えて提供する。

骨付きレモンカツレツ

あくまで軽い口当たりの衣で、しっとりした豚肉のうまさや甘さを閉じ込めた。
白ワインにもよく合う、大人のおしゃれな「トンカツ」。

調理のポイント

まず低温の油で揚げ、次に高温のフライパンで焼くという2度の火入れで、豚肉の水分とうま味をぎゅっと凝縮し、豚肉の甘さを引き立たせる。

衣を付ける前にコクのあるパルミジャーノをまぶすのも、うま味たっぷりの豚肉をより美味しくするテクニック。

材料（1人分）

骨付きの豚肩ロース ― 250g
塩 ― 2g
パルミジャーノ・レッジャーノ（すりおろし）
　― 10～15g
卵白 ― ML玉1個分
パン粉 ― 適量
オリーブオイル ― 700ml
ラード ― 1400g　　米油 ― 30ml
バター ― 30g
セージ ― ひと枝　　レモン ― 1/8個

付け合わせ（作りやすい分量）

ペペロナータ
パプリカ（赤、黄）― 各1個

［マリネ液］
　赤ワインビネガー ― 15ml
　アンチョビのみじん切り ― 5g
　EVO ― 30ml　　ニンニクオイル ― 15ml
　グラニュー糖 ― 5g　　塩 ― 1～2g

柿のマリネ
柿 ― 1個

［マリネ液］
　白ワインビネガー ― 15ml
　ローズマリー ― 1g
　砂糖 ― 5g　　塩 ― 2g
　赤トウガラシのみじん切り ― 1/3本分

ジャガイモ ― 1個
ブロッコリースプラウト、紅芯大根、赤水菜
　― 各適量
EVO ― 適量

工程

❶ 肉を切って形を整える
❷ パルミジャーノ・卵白・パン粉の順に衣を付ける
❸ 低温で揚げる（10分）
❹ フライパンでレモンセージバターを作る
❺ 肉を入れてアロゼする

調理前

調理後

プロセス PROCESS

1 骨付きロース肉を指3本分（3～4cm）の厚さにカットし、肉を切って骨を露出させる。骨付きのまま揚げると、身縮みせずにふっくらと揚がる。筋は切り取る。

2 脂身を削り、5mmの厚みに整える。

5 すりおろしたパルミジャーノ・レッジャーノをボウルに入れて肉を押し付け、片面（塩を振った面）に薄くまぶす。

6 パルミジャーノをまぶしたところ。これくらい少量を薄くまぶす。

Chef's Tips
豚肉は水分が多め。最初は低温で火を入れ、肉の水分を飛ばすようにじっくり揚げることで、肉の味が凝縮されて甘さが引き立ちます。

9 オリーブオイルとラードを1対2の割合で混ぜて120℃に熱し、肉を静かに入れる。

10 低温（120℃）の油に肉を入れると、小さい泡がジジジジ、パチパチと静かに出る。泡がジャーッ！と一気に出るようだと高温すぎる。

3 脂身を削って整えた状態。

4 盛り付けたときに上になる面にのみ、軽く塩を振る。

7 やわらかめの六～七分立てくらいに泡立てた卵白に、肉の両面を浸す。

8 7の肉に目の細かいパン粉をまぶす。

Chef's Tips
小麦粉や卵黄を使わないので淡泊な味わいの衣になり、豚肉の味がダイレクトに伝わります。

11 パン粉が浮くと焦げやすいので、すぐにすくい取る。

12 徐々に油の温度が上がってくると（火は弱火のまま変えない）、出る泡が増えてくる。10分後、骨をつまんで一度だけひっくり返す。

13 衣がベージュ色になったら、油から上げる。卵黄を使用していないので、色はキツネ色ではなくベージュ色に仕上がる。

14 網の上で3分間休ませる。

16 油がプツプツしてきたら、盛り付けたときに上になる面から肉を入れる。

17 肉をアロゼする。あくまで仕上げの香り付けなので、香りをまとわせる程度。焼き色はあまり強く付けない。

15 仕上げに入る。フライパンに米油とバターを同量入れ、セージとレモンを加えて中強火で加熱する。

18 肉をひっくり返してさらにアロゼし、フライパンから引き上げてカットする。提供前に休ませなくてよい。

> **付け合わせの作り方**
>
> **ペペロナータ**
> パプリカは丸ごと、炭火やグリルで皮が真っ黒になるまで焼き、黒く焦げた薄皮をむいて幅1cmの短冊状に切る。
> 熱いうちにマリネ液に漬け込む（アンチョビの塩気によって、加える塩の量を加減する）。
>
> **柿のマリネ**
> 柿をくし形に切り、マリネ液に漬け込む。
> ジャガイモはさいの目に切り、紅芯大根は薄い輪切りにする。
> 砂糖と塩を5対2の割合で加えた湯で、ジャガイモと紅芯大根を食感が残る程度にゆでる。
>
> **仕上げと盛り付け**
> 皿の上部にカットした肉の骨の部分を立てるように置き、中央寄りにペペロナータを並べる。
> 骨付き肉とペペロナータの上にカツレツを乗せる（ひと切れは断面を見せ、もうひと切れは衣を上にする）。
> 他の野菜と柿のマリネをバランスよく置き、EVOを全体に回しかける。

豚肩ロースのサフラン煮

サフランを入れて風味よく煮たやわらかく甘い豚肉に、
クリーミーなソースをまとわせて。
ちりめんキャベツの食感との対比も面白い。

調理のポイント

古典的なレシピでは、豚肉と、煮崩れてペースト状になるまで煮込んだジャガイモを一緒に食べる、素朴な料理。今回は、手間をかけてやわらかく煮た豚肉をジャガイモのクリーミーなソースで食べる、都会的な煮込み料理に仕立てた。ちりめんキャベツで包み、さらにあっさり軽やかに。

材料（6人分）

豚肩ロース ― 1kg
塩（海塩）― 10g
ローリエ（月桂樹）― 3枚
サフラン ― 2g
玉ネギ ― 1個
ニンニク ― 2かけ
オリーブオイル ― 50ml
白ワイン ― 360ml
水 ― 1.8L
ちりめんキャベツ ― 1枚

付け合わせ（※作りやすい分量）

長ネギ ― 4〜5cm
ジロール茸 ― 2個
バター、クルミのオイル ― 各適量
塩、白胡椒 ― 各少々

ソース

煮汁 ― 90ml
サフラン ― ひとつまみ
ジャガイモ（すりおろし）― 30g
シブレット ― 少々

工程

❶ 肉を切り、フォークで穴を開ける
❷ 肉に塩をすり込み、タコ糸でしばる
❸ 3日間寝かせる
❹ 炒めた野菜・肉・サフランを煮る（4時間）
❺ 肉を取り出してカットする
❻ 煮汁を裏ごしして煮詰める
❼ ゆでたキャベツで肉を包む

調理前

調理後

プロセス PROCESS

1　幅、奥行き、厚さが揃うように肉を切り整え、両面にフォークを刺して穴を開ける。

2　肉の重量の1%の海塩をすり込んで揉み込む。

5　寸胴鍋に、オリーブオイル、粗みじん切りの玉ネギ、ニンニクひとかけを入れて10分くらい炒める。玉ネギがしんなりしたらOK。

6　3日間寝かせておいた肉は、水分をペーパータオルで拭き取り（臭みがあるので）、5の上に肉を置く。

Chef's Tips
肉を煮込む前に表面を焼き固める人が多いけれど、むしろ焼き固めない方がいい。肉のうま味を煮汁に出し切る方が美味しくなります。

9　煮立ったら一度だけアクを取る。

Chef's Tips
アク取りは一度だけ。アクを取りすぎないのも、うま味を残しておきたいから。

10　サフランを入れ、フタをして弱火で4時間煮る。ここでフタをするのは、サフランの香りを逃がさないため。

3　肉の厚みを均等にするため、タコ糸でらせん状にしばる。

4　ローリエを乗せて網付きトレイに乗せ、トレイごとラップをかけ、冷蔵庫で3日間寝かせる。ときどき冷蔵庫から出して、トレイに溜まった水分を捨てる。

7　水を入れて中火で煮る。

8　白ワインを入れる。

11　サフランの色が出てきた状態。

12　水が煮詰まって少なくなったら鍋を斜めに傾け、肉が水面上にあまり出ないようにする。

13 4時間煮たら肉を引き上げ、煮汁をこす。

14 煮汁の野菜は、シノワでつぶして裏ごしする。

16 タコ糸を切って外す。

17 肉を2cmの厚さにスライスする。

19 肉を包むちりめんキャベツを、砂糖と塩を5対2の割合で加えたお湯でゆでる。硬い葉脈は削るように切って取り除く。

20 キャベツの葉脈の太い部分が下になるように葉を置き、肉を乗せる。

15　14の煮汁を小さめの鍋に移し、ソース用に煮詰める。

ソースと付け合わせの作り方

ソース
煮汁にサフランひとつまみを入れて低温から加熱し、1回沸騰させて火を止め、5分置いて色と香りを移す。
すりおろしたジャガイモを加えて再び火にかけ、沸騰するまで加熱する。粗熱を取ってからハンドブレンダーで攪拌し、すり流しのようにトロッとさせる。味見をして、塩味が弱ければ塩を足す。シブレットを小口切りにして加える。

付け合わせ
焦がしバターにクルミのオイルを入れ、斜めに切った長ネギと半分に裂いたジロール茸をさっと炒め、塩・胡椒を振る。

仕上げと盛り付け
深めの器にソースを流し、ちりめんキャベツで包んで半分にカットした肉を立体的に乗せる。下のほうの肉の上に、長ネギとジロール茸を乗せて提供する。

18　肉を直方体にカットして整える。切り落とした端肉は、ラグーなどに活用できる。

21　根本から葉先に向かって巻いて包む。

豚肩ロースのディル焼き

ジューシーに焼き上げた豚肉と爽やかなディルは、まさにベストな相性。
ボリュームがある肉も、どんどん食べ進められる。
そそり立つような肉の存在感や、豚肉の桜色とディルの緑色の対比も美しい。

調理のポイント

厚めにカットした肉は、オーブンで8割がた火を入れてから、強火の近火の炭火で香ばしくジューシーに焼き上げる。

豚のうまさを引き立てる名脇役となるディルは、肉に乗せた焼きディルと、皿に敷いた生ディルの「ダブル効果」で奥行きを出した。

材料（2人分。画像は1人分）

骨付きの豚肩ロース — 400g
　（骨を外したときの可食部で300g）
生のディル — 20g
塩（海塩）— 4g
白胡椒 — 適量
オリーブオイル — 20ml

付け合わせ

リンゴとビーツのマリネ
リンゴ、ビーツ — 各30g

マリネ液
　クレーム・ドゥーブル — 10g
　白ワインビネガー — 3ml
　塩、白胡椒 — 各適量

ソース
　生のディル — 20g
　EVO — 20ml

アボカド — 1/4個
ピスタチオ、ミントの葉 — 適量

工程

❶ 肉をカットし、脂身に斜め格子状の切り込みを入れる
❷ 肉に塩・白胡椒を振る
❸ みじん切りのディルを肉の片面に乗せ、オリーブオイルをかける
❹ オーブンで焼く（140℃で30分）
❺ 炭火で両面を焼く

調理前

調理後

プロセス PROCESS

1 肉を指3本分の厚さ（3〜4cm）に切り、脂身を5mmの厚さに削って整える。焼いている間に脂が落ちやすいよう、脂身に包丁で斜め格子状の切り込み（深さ2〜3mm）を入れる。

2 両面にしっかり塩を振り、片面に白胡椒を振る（黒胡椒よりも繊細な香りが合う）。みじん切りのディルを肉の片面に乗せ、上からオリーブオイルを全面にかけてなじませる。

4 30分焼いた状態。この段階で8割がた火が入っている。

5 仕上げに炭火で焼き、肉に焼き色と香ばしい炭の香りを付ける。炭の火力は強火の近火。ディルを乗せた面から1〜2分焼く。

7 ひっくり返し、ディルの面を1分焼く（二度目）。

8 裏面を同様に1分焼く（二度目）。上のディルの面と側面を指で触って、やわらかい弾力が出ていたら焼き上がり。金串を肉に刺して確かめてもよい。

Chef's Tips
肉の中心に金串を2〜3秒刺して引き抜き、金串が温かくなっていたらOK。

3　網付きのバットに肉を移し、140℃のオーブンで 30 分焼く。

6　ひっくり返し、裏面も同様に 1 ～ 2 分焼く。脂が引火して肉が炎に包まれたら吹き消す。

9　焼き上がりの裏側。肉の厚みが増している。休ませずに提供してよい。

ソースと付け合わせの作り方

付け合わせ
アボカドは 5mm の厚さにスライスする。

リンゴとビーツのマリネ
リンゴとビーツをさいの目に切り、マリネ液をからめる。

ソース
生のディルをできるだけ細かいみじん切りにし、EVO と混ぜる。

仕上げと盛り付け
皿の中央にディルのソースを置き、半分に切った肉を乗せる。ディルのソースの上に、リンゴとビーツのマリネを乗せる。
砕いたピスタチオを、肉の上面の焼けたディルの上から振りかけ、皿の端にアボカドとミントの葉を添える。

第 6 章
鶏・鴨

鶏・鴨
調理の考え方と方向性

- ピカタ風キャセロール
  (▶p.142)
- 鶏の海水煮
  (▶p.148)

鳥の肉は魚に似ている。

そう言うと不思議がられるが、「皮が付いたまま調理する」鳥と魚の料理法には、共通点が多い。伝統的な魚料理から、全く新しい鳥料理（海水煮など）を発想することもある。

皮のない肉を両面焼くとパサつきがちだが、鶏の場合は皮目を両面ともじっくり焼き、皮7～8対身2～3の割合で火を入れるイメージで、中の身は余熱でふんわり火を入れる。絶対にパサつかせたくないので、中の身の水分を4～5割残すように意識して、しっとりと仕上げる。加熱しすぎて水分を飛ばしきらないようにするのが最大のポイントだ。

赤身の鴨の場合は、仕上がりに水分が残りすぎていると、切り分けたときに血や肉汁が全部出てしまう。血液を組織に閉じ込めるように、休ませながら・落ち着かせながら、じっくり焼き上げること。

鶏を扱う際の注意

💡 産地・品種によって味や肉質などの個性がかなり異なるので、自分好みの鶏を見つけたい。天草大王はマッシュルームを炒めたような甘い香りで、肉質はやわらかい。伊達鶏、天城軍鶏も、肉質が硬すぎず、価格もこなれているので使っている。

DATA
- 鶏：天草大王の「ヌキ（丸鶏から内臓を抜いたもの）」。（約2500g）
- 鴨：フランス、シャラン産の鴨の胸肉。（約200g）
※鴨肉は解体・カット済みの胸肉を仕入れて使っている。下処理は不要。

下処理前

下処理プロセス PROCESS　鶏の「ヌキ」

1　包丁（デゾッセナイフ）で、尻尾部分の「ぼんじり」（尾骨に付いている三角形の肉）を切り落とす。切り落としたぼんじりは皮脂腺を取り除いて焼けば食べられる。

2　脚の付け根の内側に、包丁で軽く切り目を入れる。

3　反対側の脚の付け根にも切り目を入れる。この段階では表面の皮を切るだけでよい。

4　切り目を入れたところから外側に折るようにして、股関節を外す。

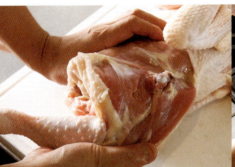

5　反対側の脚の股関節も、外側に折るようにして外す。

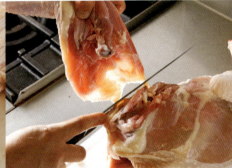

6　関節がブラブラ動くくらいになってから、内股の部分に包丁を当てて切る。切る部分の肉は薄い。

7　反対側の内股も包丁で切る。

8　脚2本と胴の部分が分離した。

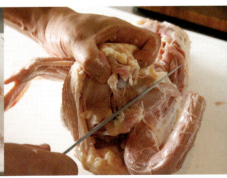

9　胸部の解体に入る。肩（画像では右肩）を腕ごとつかんで外側に倒すようにしながら、首から手羽元にかけての筋を切り開き、胸の内部を露出させる。

第6章　鶏・鴨　｜　139

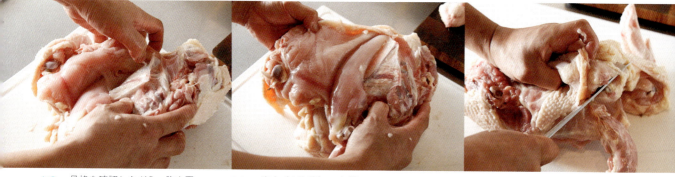

10　骨格を確認しながら、胸と肩の間に親指を入れて外していく。

11　胸肉（大胸筋）の内側に、ササミ（小胸筋）が現れる。

12　外側の皮を包丁でカットする。

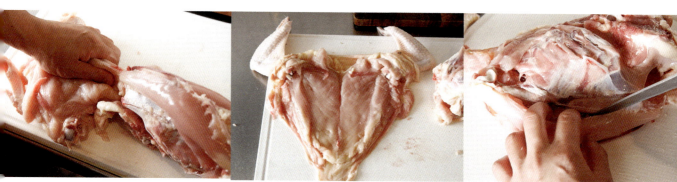

16　めくり上げた肩〜胸肉が、首の皮一枚で胴体とつながっているところ。首の皮のみを包丁で切る（首の骨はカットしない）。

17　胴体から分離した胸肉（大胸筋）。肩の先に手羽先が付いている。

18　胴体に残っているササミ（小胸筋）を切り取る工程に入る。ササミに沿って包丁の刃を入れる。

22　胸肉から手羽元・手羽先を切り離す工程に入る。まず胸肉を左右に切り離す。

23　ひじのあたりに包丁を入れ、手羽元を切り取る。余分な皮は取る。

24　手羽元から手羽先を切り取る。手羽の付け根を切ってから手でつかんで折るか、包丁で切り落とす。

13 骨を触りながら胸肉を外す。

14 肩から胸肉にかけての部分を左手でつかみ、胴体とつながっている、肩甲骨あたりの筋を切る。

15 胸肉と胴体をつないでいる筋を左右両側切り、服を脱がすように上にめくり上げてはがす。

19 包丁の刃を肋骨に沿わせるようにして、ササミを傷つけないように切り開き、指を入れてはがす。

20 きれいにササミが取れた。

21 首に付いている「セセリ」（焼き鳥屋では人気のある希少部位）を、包丁の刃でそぎ落とす。カルネヤでは残りの鶏ガラと一緒に、出汁を取るのに使う。

25 左から手羽先・手羽元・胸肉に分かれた。さばき作業の完了。

第6章 鶏・鴨 141

ピカタ風キャセロール（カッセラウラ）

カッセラウラはイタリア語でキャセロール。
卵の衣をつけてふんわりと焼いた鶏肉を、
バターや洋酒の香りごとキャセロールに閉じ込めて、
さらに美味しく。

調理のポイント

鶏肉を塩水に浸すと、浸透圧の作用で鶏肉のうま味が凝縮する。保湿効果もあり、加熱でパサつきがちな鶏肉もパサつかずしっとり焼ける。いい鶏肉なら普通に焼くだけでも美味しいが、このようにひと手間かけてうま味を逃がさないようにすると、リッチな味わいになる。

卵の衣にバターや洋酒を吸わせるのも、淡泊な鶏肉をゴージャスに仕上げるテクニック。

材料（2人分）

鶏（天草大王）の胸肉 ― 200〜230g
塩 ― 20g
水 ― 500ml（塩分濃度4％の塩水にする）
卵 ― 2個
パセリ ― 4g
強力粉、米油 ― 各適量
バター ― 50g
ペドロ・ヒメネス（極甘口のシェリー酒）― 30ml
ミントの葉 ― 適量

付け合わせ（作りやすい分量）

ジャガイモのガレット

ジャガイモ ― 1/4個
ベビーリーフ ― 10g
ヴィネグレット ― 適量
クルミ ― 5g
マッシュルーム ― 50g
シイタケ ― 50g
オリーブオイル ― 適量
イベリコ豚のチョリソー ― 薄切り3枚

カボス ― 1個

工程

❶ 肉を塩水につける（半日〜1日）
❷ 水気を取り、小麦粉をまぶす
❸ 卵液を作り、鶏肉にからめる
❹ フライパンで焼く
❺ キャセロールに移して洋酒をかけ、フタをして焼く（2分）

調理前

調理後

プロセス PROCESS

1　海水より少し濃いくらい（塩分濃度4％）の塩水を作る。

Chef's Tips
塩はシチリアの海塩。塩辛くミネラル感の強い風味が料理に合います。

2　ジッパー付きのビニール袋に肉と塩水を入れ、冷蔵庫で半日から1日寝かせる。塩水につけることで肉がしっとりし、焼いてもパサつきにくくなる。

5　肉を4つにカットする。

6　全卵をときほぐし、バター20gとパセリを混ぜる。

9　熱したフライパンにたっぷりと米油を引く。

Chef's Tips
米油は香りやクセがなくあっさり仕上がります。他の食材や調味料のジャマをしたくない場合に重宝します。

10　肉を6の卵液に浸す。

3 塩水から肉を出し、ペーパータオルで水気を拭き取る。

4 余分な筋や皮を取る。

7 カリッと仕上げるために、小麦粉（強力粉）を全面にまぶす。

8 余分な粉を払う。

11 余分な卵液が残らないように、肉をバットに取る。

12 9のフライパンに皮目から肉を入れ、中弱火で焼く。

> **Chef's Tips**
> 余分な脂をマメに拭き取るのは、少しでも油を落として軽く仕上げるためのテクニック。このひと手間で仕上がりの味が変わってきます。

13 皮目から脂が出てきたら、ペーパータオルに吸わせて取り除く。

14 ヘラで押さえて焼き色を付け、ひっくり返す。ここまでで7割ほど火を入れ、皮をカリッとさせておく。キャセロールかココットに移し、仕上げの工程に移る。

15 キャセロールに移した鶏肉の上から、ペドロ・ヒメネスを注ぐ。

16 拍子木状に切ったバター30gとミントの葉を上に乗せる。

> **Chef's Tips**
> もしトリュフがあればここで足すとベター。最高の香りになります!

17 フタをして中火のコンロにかけ、2分間蒸し焼きにする。

18 2分間蒸し焼きにした状態。卵の衣がバターのうま味やペドロ・ヒメネスの甘い香りをたっぷり吸い込み、甘じょっぱくて香り高いソースとして鶏肉を美味しく包み込む。

付け合わせの作り方

ジャガイモのガレット
ジャガイモは3mmの厚さにスライスし、フライパンに多めのオリーブオイルを引いて、中弱火から弱火で火が通るまでソテーする。
ベビーリーフはヴィネグレットで和える。
クルミはローストして包丁で粗く刻む。
マッシュルームとシイタケはみじん切りにし、水分が飛ぶまでオリーブオイルで炒める。
イベリコ豚のチョリソーは、薄切りにして半分にカットする。

仕上げと盛り付け

ボードの右側にキャセロールを置き、くし形に切ったカボスを肉の上に乗せる。
左下側にジャガイモのガレットを並べ、その上にマッシュルームとシイタケを炒めたものとチョリソーを乗せる。
ジャガイモのガレットを、ミニピザのようにして食べる。
8等分のくし形に切ったカボスを添え、上からベビーリーフとクルミを全体的に散らす。

鶏の海水煮

イタリアでは魚で作る海水煮を、鶏肉で「洋風の水炊き」のように仕上げた。
ジューシーな鶏肉とうま味たっぷりのスープは
いつでも食べたくなるシンプルな美味しさ。

調理のポイント

海水くらいの塩分濃度（2.5%）の水に鶏肉を入れ、フタ代わりのオリーブオイルをたっぷり加え、沸騰させずにコトコトと煮込む。圧力鍋のようにオリーブオイルの膜で密閉して煮ることで、鶏肉がやわらかくジューシーになる。

材料（4人分）

鶏（天草大王）の骨付きモモ肉
　— 200〜230g×4本
塩 — 25g
水 — 1L
ミニトマト — 100g
ケッパー — 30g
イタリアンパセリ — 20g
ブラックオリーブの塩水漬け — 30g
EVO — 100ml

工程

❶ 鶏の骨付きモモ肉の脚の肉を切り開く
❷ 塩水を作り、野菜、ハーブ、EVOを加える
❸ 鶏肉を入れて沸騰させずに煮る（30分）
❹ 肉をカットする
❺ 煮汁にパセリとEVOを追加して煮詰める

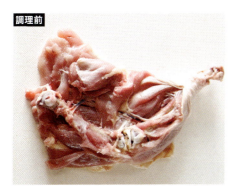
調理前

調理後

プロセス PROCESS

1 鶏の足首を包丁で切り落とす。

2 余分な皮を切り取る。

5 骨付きのまま切り開いたところ。骨付きのまま煮ることで、骨からいい出汁が出る。

6 塩水（水1Lに塩25g）を作り、鍋に入れる。ミニトマト、ケッパー、みじん切りにしたイタリアンパセリ（半量）、ブラックオリーブの塩水漬け、EVO（半量）を加える。

9 やわらかく煮上がったら、肉を引き上げる。

10 骨を取り除き、肉を食べやすいサイズに切る。

3　脚の骨に沿って包丁を入れ、皮と肉を切り開く。

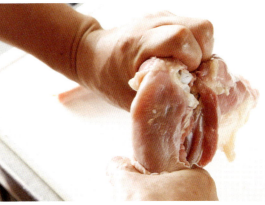

4　ひざ関節を折って切り開く。
　　画面の奥側はスネ、手前側はモモ。

> **Chef's Tips**
> オリーブオイルの膜の下で圧力鍋のように火が入り、肉がやわらかく煮えます。

7　鍋に肉を入れて中弱火にかけ、沸騰しそうになる前に最弱火にする（沸騰するとアクが出てしまう）。沸騰させないように注意しながら、最弱火にしてから30分ほど煮る。

8　水分量が減ったら鍋を傾けて、肉が常に、オリーブオイルの膜の下で塩水につかっているようにする。

11　煮汁とトマト、ケッパーを小さめの鍋に移し、もう半量のイタリアンパセリと半量のEVOを追加して乳化させる。

12　深さのある器に鶏肉を盛り付けて、沸かして熱々にした煮汁を上から注ぐ。

鴨のソテー
煮干しとカカオの香り

赤身の鴨肉は、野性味のある食材。
煮干し出汁とカカオの「土っぽい」香りで、滋味深いひと皿に仕上げる。

調理のポイント

肉は、その動物特有の香りを活かして調理するのが一番美味しい。香りのいい鴨の脂で常にアロゼしながら、しっとりと焼き上げる。

今回は治部煮のようなイメージで、煮干し出汁とカカオニブ（カカオ豆を焙煎し、砕いてフレーク状にしたもの）のソースを合わせた。出汁のうま味とゴボウのように土臭いカカオの香りが、味の濃い鴨肉から上品さを引き出している。

材料（1人分）

鴨の胸肉（シャラン産）— 1枚（200g）
塩（シチリアの海塩）— 2g

付け合わせ

カカオニブのブルーベリー和え
カカオニブ — 3g
ブルーベリー — 15g
バルサミコ — 5ml

ペコロスのアグロドルチェ
ペコロス — 8個
赤ワインビネガー — 20ml
グラニュー糖 — 40g
スカンポの葉 — 1〜2枚
ローズマリー — ひと枝

ソース

煮干し（伊吹いりこ）出汁 — 90ml
ジャガイモ（生をすりおろして）— 80g
塩 — 適量

工程

❶ 肉をカットし、余分な筋や皮を切り取る
❷ 皮目に切り込みを入れる
❸ 両面に塩を振る
❹ フライパンでアロゼしながら焼く

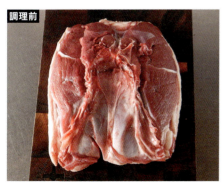
調理前

調理後

プロセス PROCESS

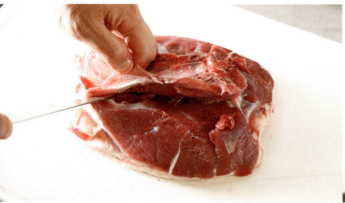

1 胸肉を半身（2つ）にカットする。背骨に沿って包丁の刃先を入れる。

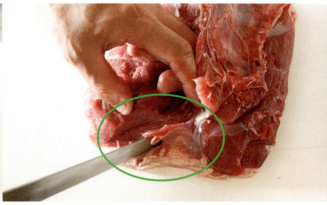

2 胸肉の上のほうに付いている鎖骨を、包丁の刃先で切り取る。

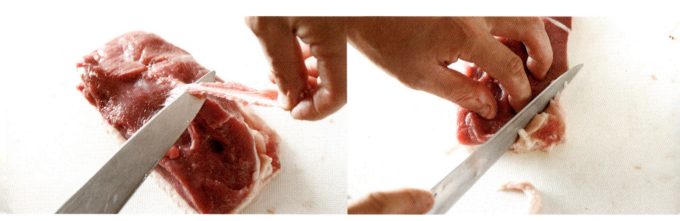

5 筋や余分な皮を切り取る。

6 肩先のあたりを切り、内側に入っているC形の鎖骨（画像の下方）も取り出す。

Chef's Tips
食材に脂があれば、フライパンに油は不要です。

9 裏面にも塩を振る。

10 熱したフライパンに皮目から肉を入れる。火は中弱火。「ジャーッ」と強い音ではなく「ジジジ」という小さい音がする程度の火力にする。

3 鎖骨の周りの余分な脂も切り取る。

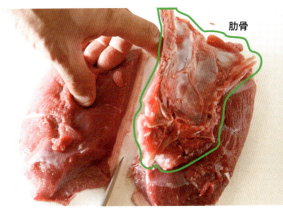

肋骨

4 半身に分かれた状態。右側の表面に付いているV字形の肋骨も切って外す。

7 火入れの際に身が反らないように、皮目に切り込みを2本入れる。

Chef's Tips
脂を落としすぎると鴨らしい香りと美味しさがなくなってしまうので、切り込みは格子状でなく、まっすぐ2本でOKです。

8 両面に、塩（シチリアの海塩）を振ってなじませる。

11 鴨の皮から脂が出てきたら、スプーンですくってアロゼする。

12 弾力が出てきたら、ひっくり返す。

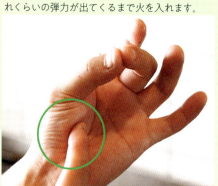

Chef's Tips
ひっくり返す目安は、「親指と中指を軽く合わせたときの親指の付け根」くらいの弾力。肉の側面にこれくらいの弾力が出てくるまで火を入れます。

13 肉の側面を触ってやわらかければ、内部はまだ生に近い状態。

14 アロゼは、肉が厚めのところには脂を多めにかけ、肉が薄いところには少なめにかける。フライパンを斜めにして脂をフライパンの下に溜め、皮目にもかける。

15 こんがりといい色になってきた。

Chef's Tips
カリッと焼いた皮を蒸らしたくないので皮目を上に。ローズマリーの上に置くと、身にいい香りが移ります。

16 側面にも充分な弾力・反発力が出てきたら、焼き上がり。焼き具合は、中心に金串を刺して確認してもよい（p.99参照）。

17 肉をフライパンから取り出す。ローズマリーの上に置き、ストーブの上の暖かいところで10分くらい落ち着かせる。

付け合わせとソースの作り方

付け合わせ

カカオニブのブルーベリー和え

細かく刻んだカカオニブとブルーベリーをボウルに入れ、バルサミコを加えてからめるように混ぜ合わせる。

ペコロスのアグロドルチェ

ペコロスは、砂糖と塩を5対2の割合で加えた湯でゆでる。

薄手鍋にグラニュー糖を入れて焦がし、キャラメルを作る。火を止め、キャラメルを赤ワインビネガーでのばし、ソース状にする。

ペコロスを入れてフタをし、蒸し焼きにする。ペコロスがやわらかくなったらフタを取り、水分を飛ばして煮からめる。

ソース

鍋に入れた煮干し出汁に、塩（適量）とジャガイモのすりおろしを加えて味を調え、火にかけて沸騰させる。一度沸騰したら火を止め、ハンドブレンダーで泡状になるまで混ぜる。もう一度火にかけ、とろっとするまで加熱する。

仕上げと盛り付け

カットした鴨肉4切れを、皿の真ん中に空間をつくるように並べる。真ん中の空間にすり流し風ソースを注ぎ、カカオニブのブルーベリー和えを肉の断面に乗せる。奥にペコロス、ブルーベリーを置き、スカンポの葉、ローズマリーを添える。

ソースの泡が消えやすいので、客席に運ぶ直前に注ぐ。

第 7 章

内臓
(モツ)

内臓（モツ）
調理の考え方と方向性

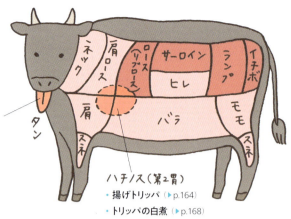

- 牛タンの煮込み（▶p.172）
- 揚げトリッパ（▶p.164）
- トリッパの白煮（▶p.168）

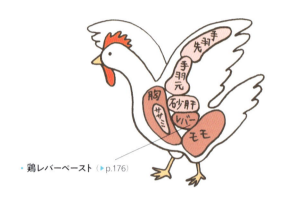

- 鶏レバーペースト（▶p.176）

　モツは、様々な肉を食べてきた肉好きに人気がある「玄人好みの部位」だが、実は、個人的には苦手な食材だ。
「自分自身が苦手な食材を美味しい料理にできるの？」と不審がられるかもしれないが、自分がモツの臭みに敏感だからこそ、それを意識することができ、モツが苦手な人でも美味しく食べられるモツ料理を作ることができると思う。

　また、「臭み」は「うま味」と表裏一体。個性派俳優の魅力のようなモツ特有の臭みやクセは、「消す」のではなく「引き立たせる」ことだ。

　そのためには、なにはともあれ新鮮なモツを入手し、ていねいに下処理を施すこと。名脇役のハーブ、香味野菜、洋酒なども、効果的に使いたい。

DATA
- 牛トリッパ（第2胃袋）：（内臓は産地や品種のデータなし、約3kg）
- 牛タン：（内臓は産地や品種のデータ無し、約1.5kg）
- 鶏レバー：日向鶏。（1羽分で70g）　※下処理なし

内臓（モツ）を扱う際の注意

💡 モツは何よりも鮮度が重要。良質で新鮮なモツを購入するには、卸業者や店とコミュニケーションを取り、密なネットワークを築くこと。

💡 鮮度がよく臭いが少ないモツであれば「臭み消し」は最小限に。例えば鶏レバーの場合、新鮮であれば血の塊などを掃除するだけでよい。うま味が逃げてしまうので水や牛乳につけることはしない。

💡 二度ゆでこぼす、汚れは残らず除去するなど、下処理はていねいに行う。

💡 ゆでこぼすときや煮込むときは、臭いがこもらないように鍋のフタをしない。

下処理前

下処理プロセス PROCESS 牛トリッパ

1. トリッパを2回ゆでこぼす。大鍋にトリッパと水を入れて、沸騰したらザルにあける。このプロセスをもう一度行う。

2. 湯をきり、粗熱を取る。ゆでこぼし中は臭いが強いが、上手にゆでこぼすことで、トリッパ自体に臭いが残らなくなる。

3. 粗熱が取れたら2枚に切り開く。

4. この時点ではまだまだ硬く、ゴムのような感触。

5. きれいな仕上がりになるように、ゴミや汚れを包丁でこそげ取る。

6. 掃除をしたトリッパと水を鍋に入れる。

7. 鍋に玉ネギ2個、ニンジン1本、セロリ1本、ニンニク1玉（半分に切る）、八角、ローリエ、岩塩各少々を入れ、弱火で約3時間煮る。八角の甘い香りは肉の煮込みによく合う。

8. 3時間煮たところ。煮上がると表面に透明感が出てくる。少し硬めに感じるが、そのほうが調理する際に味がしみ込みやすい。

9. ザルに取って冷ます。冷凍保存できるので、店ではまとめてやっている。ゆで汁は、トリッパを煮込む際のソースに加えるなどして使えるので、取っておく。

下処理プロセス PROCESS 牛タン

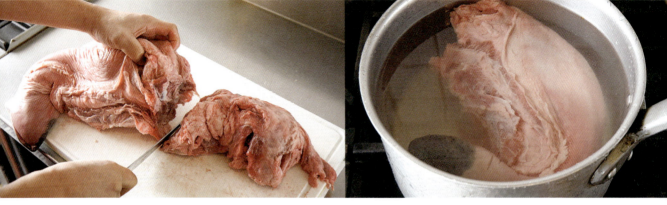

1 牛タンと喉の軟骨を切り離す。喉側の肉は出汁を取るのに使える。

2 皮を湯むきする工程に入る。鍋にタンと水を入れて火にかける。

5 氷水で冷やすと、表面の皮が締まってくる。

6 粗熱が取れてから、包丁で皮を薄くむく。

9 タンの下側の根元に、包丁の刃を入れる。

10 タンの下側の筋をそぎ取る。

3 沸騰したら湯をザルにあける。

4 氷水を入れたボウルにタンを入れる。

7 片側の皮を取ったところ。

8 タンは高級食材なので、皮はできるだけ薄くむく。皮をはがせば、ほぼすべて可食部で歩留まりがいい。

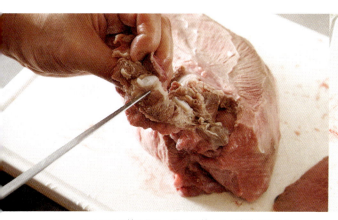

11 ていねいに筋を取る。取った筋からも出汁が取れる。

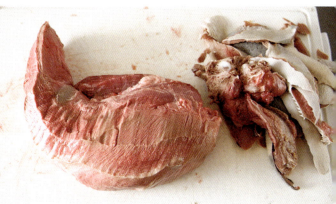

12 掃除が完了したところ。

揚げトリッパ

外側はカリカリとクリスピーで、中はむっちり。
リズミカルで楽しい食感が、トリッパの新しい魅力を引き出す。

💡 調理のポイント

加熱しすぎるとゴムのような食感になってしまうトリッパ（ハチノス）。弾力（噛みごたえ）や、臭みと紙一重のうま味を併せ持つ、難しくて面白い食材だ。この料理では、トリッパのひだのエッジ（凹凸）を立てるようにラードでこんがりと揚げ、外側はカリカリ・サクサク、中は火を通した貝類のようにむっちりとした食感の違いを楽しめるようにしている。

材料（1人分）

牛のトリッパ（下処理したもの）— 80g
塩 — 少々
砂糖 — 少々
黒胡椒 — 少々
ラード（揚げ油）— 適量
小麦粉（強力粉）— 適量

付け合わせ（作りやすい分量）

トマト — 小1個
エシャロット — 1/4本
エストラゴン — 適量
粒塩（サーレ・グロッソ）— 少々

ソース（作りやすい分量）

生クリーム — 50ml
シェリービネガー — 10ml
ガルム（イタリアの魚醬）— 5ml
ガーリックオイル — 5ml
EVO — 適量

工程

❶ トリッパをそぎ切りにする
❷ 塩、砂糖、黒胡椒を振る
❸ 小麦粉を薄くまぶす
❹ 170℃のラードで表面がこんがりするように揚げる

調理前

調理後

プロセス PROCESS

1 下処理して二つに割ったトリッパを、長方形になるように半分に切る。

2 揚げトリッパはサクサクとした食感に仕上げたいので、火が通りやすいようにひと切れの厚みを薄くする。斜めに包丁を入れて、薄めのそぎ切りにする。

5 砂糖も振る。

Chef's Tips
砂糖の保湿効果で内部がしっとりします。揚げたときに外側はカリッと、中はしっとりとした食感のギャップが生まれます。

6 黒胡椒を振る。ピリッとした風味がトリッパに合う。

9 淡く色づいてきた。さらに色づくまでもう少し揚げる。

10 キツネ色にこんがりと揚がった。外側はカリカリでサクサク、内側は火を通した貝類のようにむっちりとした、面白い食感になった。

3　斜めにそぎ切りにした状態。

4　バットに並べ、塩を上から軽く振る。

7　小麦粉（強力粉）を薄くまぶし、余分な粉を払う。

8　170℃に熱したラードに、トリッパを入れて揚げる。

Chef's Tips
揚げ油にラードを使うのは、脂の濃度が高く、カリッと揚がるため。

ソースと付け合わせの作り方

付け合わせ
トマトは薄い輪切りにし、エシャロットはみじん切りにする。エストラゴンは3cm程度に切る。

ソース
生クリーム、シェリービネガー、ガルム、ガーリックオイル（生のニンニクをオリーブオイルにつけておいたもの）を合わせて撹拌する。分離しやすいので、提供する直前に混ぜ合わせる。

仕上げと盛り付け

皿に輪切りのトマトを敷き、トマトの上にトリッパを乗せる。エストラゴン、エシャロット、粒塩を振りかけ、ソースとEVOを上からかける。
カリカリに揚げたトリッパと、瑞々しいトマトの食感の対比が面白い。

トリッパの白煮

もっちりとした弾力とコクを満喫できる、トリッパの煮込み。
あえてトマトを使わないことで、トリッパの個性が際立つシンプルで奥深い味わいに。

調理のポイント

「どんなお酒とも合う」とモツ好きの常連たちに人気なのが、このトリッパの白煮。トマト味でカバーしない分、シンプルにトリッパそのものを味わえて食べ飽きない。玉ネギ、ブロード、洋酒を加えた風味のよい煮汁をたっぷりしみ込ませてじっくりと煮込むことで、噛むとうま味があふれ出す。

材料（6人分）

牛のトリッパ（下処理したもの）― 600g
玉ネギのみのソフリット※ ― 玉ネギ1個分
ブロード ― 540ml（p.202参照）
トリッパのゆで汁 ― 360ml
白ワイン ― 180ml
ウィスキー ― 20ml
塩 ― 適量

※玉ネギのみのソフリット：玉ネギのみじん切りを、弱火で1時間、あめ色になるまでオリーブオイルで炒めたペースト。

付け合わせ（作りやすい分量）

ズッキーニの蒸し煮
ズッキーニ ― 1本
トマト ― 1/2個
白ワイン ― 15ml
オリーブオイル ― 15ml
塩 ― 適量

ミント ― 適量
ペコリーノ・ロマーノ（すりおろし）― 5g
EVO ― 10ml

工程

❶ トリッパを拍子木状に切る
❷ 玉ネギのみのソフリットとトリッパを炒める
❸ 白ワインとウィスキーを加えて煮る
❹ ゆで汁とブロードをひたひたに加えて煮る
❺ フタをせず、煮汁が半量になるまで煮る
❻ 塩で味を調整する

調理前
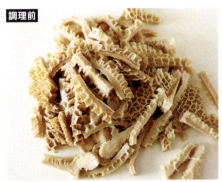

調理後

プロセス PROCESS

> **Chef's Tips**
> 同じトリッパでも、煮物と揚げ物では目指す食感が違います。仕上がりの食感によって、切り方と厚さを調整します。

1 下処理して2つに割ったトリッパを、長方形になるように半分に切る。

2 細めの拍子木状に切る。煮込みではトリッパならではの噛みごたえを残したいので、直角に包丁を入れてひと切れの厚みを出す。

5 トリッパを入れて炒め合わせる。

6 中弱火にして白ワインを加える。

9 煮汁が半量くらいに減ったらほぼ完成。トリッパに透明感とツヤが出ている。

10 仕上げに塩で味を調整する。

> **Chef's Tips**
> 塩には肉のクセや個性を抑える働きがあるので、塩を加えるタイミングは料理によって変えます。この料理ではモツの個性を抑えたくないので「後塩」に。

3 拍子木状に切った状態。

Chef's Tips
玉ネギのみのソフリットは、通常のソフリット（材料は玉ネギ、セロリ、ニンジン）よりも素材そのものの味を強調したいときに使います。

4 玉ネギのみのソフリットを鍋に入れ、中火で軽く炒める。玉ネギの甘みがトリッパの煮込みに加わる。

7 隠し味のウィスキーを加える。

Chef's Tips
ウィスキーを少量足すと、トリッパを噛んだときに深みのある味がジュワッとあふれ出します。

8 トリッパのゆで汁とブロードを、トリッパがひたひたにつかるまで注ぎ、30分煮込む。

Chef's Tips
モツのにおいをこもらせずに飛ばすため、フタをしないで煮込むのが鉄則です。

付け合わせの作り方

ズッキーニの蒸し煮
ズッキーニは5mmの厚さの輪切りにする。トマトは皮をむいて種を取り、さいの目切りにする。
浅鍋にトマトを入れて軽く塩を振り、白ワインとオリーブオイルを加え、やわらかくなるまで蒸し煮にする。

仕上げと盛り付け
皿にトリッパを盛り、細切りにしたミントを散らし、すりおろしたペコリーノ・ロマーノ、EVOをかける。ズッキーニの蒸し煮を添える。
トリッパをミントと食べるのはローマ風のスタイル。

牛タンの煮込み（ボリート）

ふんわり、とろりとした舌ざわりのタン煮込み。
ポルチーニと香味野菜の香りが、牛タンの淡く上品なうま味を引き出す。

調理のポイント

高級食材であるタンの魅力は、上品なうま味と食感。良質なタンの魅力を活かすために、加えるのは香り高いポルチーニと香味野菜のみ。

フタはせずに3時間ゆっくりと煮ることで、シンプルでクリアな味わいの澄んだ煮込みに仕上げる。

材料（作りやすい分量）

牛タン（下処理したもの）— 1本（1.2kg）
乾燥ポルチーニ — 30g
玉ネギ — 1/2個
セロリ — 1本
ニンニク — 1/2玉
エストラゴン — 2枝
岩塩 — 10g

付け合わせ

トマト — 1/4個
カブ — 1/2個
ワケギ — 2本
舞茸 — 30g
ブロッコリースプラウト — 5g

工程

❶ 鍋に牛タン、水、乾燥ポルチーニを入れて火にかける
❷ アクを取り、香味野菜と岩塩を加える
❸ フタをせずに煮る（3時間）
❹ 鍋の中でひと晩置いて冷ます
❺ 牛タンをスライスし、煮汁の中で温める

調理前

調理後

プロセス PROCESS

1. 鍋に牛タンを入れ、浸るくらいの水を注ぐ。乾燥ポルチーニをひとつかみ入れ、30分ほど置いてから火にかける。

2. 煮立ったら一度アクを取る。アクを取りすぎると肉の味やうま味もなくなってしまうので、アク取りは一度だけ。

5. 1時間くらい煮たら、牛タンの上下をひっくり返す。

6. 煮上がった状態。このまま煮汁の中でひと晩置いて冷ます。

9. 先端のやや硬めの部分（左側）は、パン粉焼きやバルサミコ煮などにすると美味しく食べられる。煮汁をゼラチン等で固めて、ゼリー寄せにしても美味しい。

10. 根元の部分を1cmの厚さにスライスし、小鍋に煮汁と一緒に入れて温める。

Chef's Tips
岩塩には味を付けるだけでなく、肉の組織を適度に引き締める効果もあります。

3 玉ネギ、セロリ、ニンニク（半分に切る）、エストラゴンを加える。

4 岩塩を入れ、沸騰しないように、弱火で3時間煮込む。においをこもらせないように、フタをせず、極弱火で煮る。

7 煮汁から引き上げた牛タン。ポルチーニと香味野菜のいい香りが付き、やわらかく美味しそうに煮えている。

8 牛タンを先端側と根元側に切り分ける。タンは根元のほうがやわらかく、先端に向かって硬くなるので、この料理では根元の部分（右側）を使う。

付け合わせの作り方

野菜は、牛タンの味を引き立てるようにクリアな味に仕上げたいので、牛タンの煮汁で煮ることはしない。
カブは10等分のくし切りに切り、砂糖と塩を5対2で加えた湯でやわらかくなるまでゆでる。舞茸とワケギはさっとゆでる。トマトはさいの目切りにする。

仕上げと盛り付け

深さのある器に牛タンを盛り、トマト、カブ、ワケギ、ブロッコリースプラウト、舞茸を添える。
上から煮詰めた煮汁90mlを回しかける。

鶏レバーペースト

コクのあるレバーに
アンチョビやケッパーでエッジをきかせ、
軽やかでしゃれた味わいに。
オードブルの主役にしたい、存在感が際立つレバーペースト。

調理のポイント

レバーはとにかく新鮮なものを入手すること。新鮮なレバーは牛乳などで臭みを取る必要がなく、コクのある風味を活かすことができる。あえて手で刻んで粒っぽい食感を残すのも、「レバーらしさ」を残すため。

脇役ではなく主役になり得るレバーペーストは、ディップのように、野菜にたっぷり付けて食べるひと皿に仕立てる。

材料（作りやすい分量）

鶏レバー ─ 1kg
牛脂 ─ 適量
赤玉ネギ ─ 2玉
アンチョビ ─ 50g　　ケッパー ─ 30g
ブロード ─ 360ml　　マディラ酒 ─ 200ml
白ワイン ─ 200ml
塩 ─ 8g　　胡椒 ─ 適量
セージ、ローズマリー ─ 各ひと枝

付け合わせ（2人分）

赤玉ネギのエチュベ
赤玉ネギ ─ 1/4個
白ワイン ─ 10ml
オリーブオイル ─ 10ml
タイム ─ 1本
塩 ─ 2g
グラニュー糖 ─ 3g

ゴールデンパイナップル ─ 1/8個
グリーンアスパラガス ─ 4本
パン・ド・カンパーニュ ─ 2枚
セルフィーユ ─ 適量

工程

❶ レバーを掃除する
❷ 赤玉ネギとレバーを炒める
❸ 他の材料を足して炒める
❹ 酒を加えて煮詰める
❺ ブロードを加えて煮詰める
❻ 冷まして包丁で粗く刻む

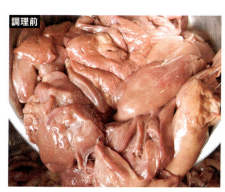
調理前

調理後

プロセス PROCESS

1. 新鮮な鶏レバーを小さく切り、脂、血管、血の塊をていねいに取り除く。

Chef's Tips
レバーは鮮度が第一。新鮮なら牛乳や水につけるのは、味わいが抜けてしまうのでNGです。

2. 浅めの鍋に牛脂を入れ、線切りの赤玉ネギ2個を少し焦げるまで香ばしく炒める。炒めた赤玉ネギの上にレバーを加える。

5. 味に軽やかさやアクセントを付けるために、アンチョビ、ケッパー、セージ、ローズマリーを加える。アンチョビを入れるのはトスカーナ風。

6. 風味付けにマディラ酒と白ワインを加える。

Chef's Tips
なめらかにしすぎずレバーの肉感を残して仕上げたいので、フードプロセッサーにはかけず、あえて包丁で刻みます。

9. かき混ぜたときに鍋底がトロッとしているくらいで火を止める。ペーストにするため、完全に水分がなくなるほどには煮詰めない。容器に移して冷ます。

10. まな板に乗せ、包丁で粗めに刻む。ケッパーの粒が残るくらいの粗さでよい。容器に移して冷蔵庫で保存する（日持ちは10日間くらい）。

3　炒めているとレバーから水分がどんどん出てくるので、中弱火で水分をじわじわと飛ばすようによく炒める。

4　レバーの水分がなくなった状態。

7　酒を加えた分の水分を煮詰める。鍋縁は焦げやすいので、ヘラでマメにこそげ取る。

8　煮詰まったらブロードを入れて、鍋の水分が半分になるまで再び煮詰める。塩（レバーの重量の0.8％。アンチョビの塩気によって加減する）を加えて味を調整する。胡椒を振る。

付け合わせの作り方

赤玉ネギのエチュベ

赤玉ネギは、白ワイン、オリーブオイル、タイム、塩、グラニュー糖を入れた鍋で、さっと火を通す程度に蒸し煮にする。
ゴールデンパイナップルはフライパンに入れて火をつけ、パイナップルの糖分で焼き色を付ける。
グリーンアスパラガスは、砂糖と塩を5対2で加えた湯で、ややわらかめにゆでる。パン・ド・カンパーニュはカリッとトーストする。

仕上げと盛り付け

皿にアスパラを盛り、アスパラの茎の部分に乗せるようにレバーペーストを盛る。赤玉ネギのエチュベと、パン・ド・カンパーニュを両端に置く。ゴールデンパイナップルを添えてセルフィーユを散らす。

第 8 章

肉パスタ

ラグーソースのタリアテッレ

「大人のミートソース」といえそうな、肉料理店らしいインパクトがあるラグーソース。
鶏レバーを加えることで、コクと深みを増した。

調理のポイント

硬いが味の濃い内モモ肉は、挽き肉にすれば美味しさを引き出せる。さらに鶏レバーでコクを加えるのが肉料理店ならではのテクニック。

食材はそれぞれ充分に炒めきってから加え、水分（洋酒など）を煮詰めてから足すのも、食材の味を重層的に表現するポイント。

材料（10人分）

ラグーソース

- 短角牛の内モモ（カブリ）— 約1.2kg（挽き肉にして1kg）
- 鶏レバー — 150g（挽き肉の1〜2割）
- ソフリット（玉ネギ1個、ニンジン1/2本、セロリ1本分）— 大さじ3
- 白ワイン — 250ml
- マルサラ酒 — 250ml
- トマトソース — 360ml（レードル2杯分）
- ブロード — 1L
- ヘット — 50g
- 塩 — 10g
- 黒胡椒 — 適量
- セージ — ひと枝
- ローズマリー — ひと枝

- タリアテッレ — 80g
- バター — 5g
- ペコリーノ・ロマーノ — 5g
- EVO — 5ml
- ブロード — 70ml
- 塩、黒胡椒 — 各適量

工程

1. 牛肉（内モモ）を挽き肉にする
2. 挽き肉と鶏レバーを炒める
3. ソフリットと洋酒を加えて炒める
4. トマトソースとブロードを加えて煮詰める
5. タリアテッレをゆでてソースをからめる

調理前

調理後

プロセス PROCESS

1 短角牛の内モモ（カブリという部位）の身と皮の間に包丁を入れて、身をはがす。

2 皮に残った赤身も包丁でそぎ取る。

5 鍋にヘット（p.187参照）を入れて、火にかける。

Chef's Tips
挽き肉を炒めるときにヘットを使うと具材がコーティングされ、劣化しにくく日持ちがよくなります。

6 挽き肉を入れて、水分がなくなるまで中火で炒める。

9 木ベラで鶏レバーをつぶしながら、水分がなくなるまでしっかり炒める。

10 レバーの水分がほぼなくなった状態。塩・胡椒を振る。

Chef's Tips
塩は肉の個性やクセ、においを抑えるから、塩を入れるタイミングは「肉の個性をどれだけ出したいか」で変えます。レバーの個性を活かしたいので、ここでは後塩に。

Chef's Tips
挽き肉は酸化しやすく鮮度が落ちやすいので、料理の直前にミンチにするのがベストです。

3 挽き肉メーカーに入るように、小さなブロック状に切る。内モモは筋が多く硬いので、そのままでは料理に適さない。

4 挽き肉メーカーでミンチにする。肉の味と食感がわかりやすく残るよう、挽き方は粗めに。

7 挽き肉の水分がなくなり、ポロポロのそぼろ状になった。

8 鶏レバーを加えて炒める。レバーが入ることで、ラグーにコクが加わる。

11 ソフリットを加えて混ぜながら炒める。

Chef's Tips
先に肉を香ばしく炒めてからソフリットを加えるほうが、ソフリットを作った鍋に肉を入れるよりも、香ばしく美味しく仕上がります。

12 ソフリットがなじんだら、セージとローズマリーを入れる。

第8章 肉パスタ | 185

Chef's Tips
料理用に加えるワインはあえて赤ではなく白に。肉本来の風味を活かしたいときの料理酒には、白ワインがベターです。

13　白ワインとマルサラ酒を加える。肉が半分つかるくらいの分量が目安。

14　加えた酒の水分が煮詰まったら、トマトソースを加える。

17　水分がほぼなくなった状態。塩・胡椒で味を調整したら、ラグーソースは完成。

18　ソースとパスタと合わせる工程に入る。フライパンに、ラグーソース120g、バター、ブロード70mlを入れて中火にかける。

19　ゆで上がったタリアテッレを加え、フライパンのソースをからめる。

20　EVOを回しかけ、最後に塩・胡椒で味を調整する。皿にパスタを盛り、すりおろしたペコリーノ・ロマーノを全体に振りかけて完成。

15 ブロード1Lも加える。

16 フタをして1時間ほど煮詰める。

Column — ヘットについて

ヘットは本来は「精製された牛脂」（ドイツ語でfett）だが、カルネヤで使っているのは、牛脂・オリーブオイル・ガチョウの脂を、3対3対2の割合でブレンドした動物性油脂。少しずつ注ぎ足して作っている。コクや、複雑なうま味と香りがあり、ラグーの挽き肉を炒めるときに用いると、具材がヘットでコーティングされ、劣化しにくく日持ちがよくなる。また、フリットを揚げる油に混ぜると、奥深い風味が加わる。

グアンチャーレ（塩漬け豚頬肉）の カルボナーラ

重めの赤ワインによく合うカルボナーラ。
主役は、塩漬け豚のうま味が凝縮された「脂」。
美味しい脂をたっぷりと卵に吸わせ、
パスタにからめて食べる。

調理のポイント

ローマ修業時代によく作ったカルボナーラは「脂を食べる料理」。味の決め手は卵ではなく、塩漬けでうま味を凝縮した豚の「脂」。その脂を極限まで出し切るために、グアンチャーレは脂が抜けて「ミイラのように干からびるまで」カリカリに炒めるのがコツ。

材料（2人分）

グアンチャーレ（豚頬肉の塩漬け）— 70g
オリーブオイル — 少々

カルボナーラ用の卵液
　卵黄 — 2個分（パスタ麺80gに対して卵黄1個）
　水 — 50ml
　ペコリーノ・ロマーノ — 20g
　グラナ・パダーノ — 10g
　黒胡椒 — ミルで20回分

パスタ — 160g
ニンニクオイル — 小さじ1（オリーブオイル10mlに、スライスした生ニンニクひとかけ分をつけたもの）
白ワイン — 100ml
パルミジャーノ・レッジャーノ — 5g
黒胡椒 — 1g

工程

❶ グアンチャーレを切り、カリカリに炒める
❷ 卵と調味料を混ぜて卵液を作る
❸ パスタをゆでる
❹ ゆでたパスタとグアンチャーレを合わせて炒める
❺ 卵液を混ぜ合わせ、弱火でトロッとさせる

調理前　調理後

プロセス PROCESS

1 グアンチャーレを5mmの厚さにスライスする。

2 幅5mmの拍子木状にカットする。

5 カルボナーラ用の卵液を作る。卵黄、チーズ(ペコリーノ・ロマーノとグラナ・パダーノ)、水、黒胡椒を入れてよく混ぜる。

6 パスタをゆでる(ここでは、ゆで時間10分の麺を使用)。パスタがゆで上がるまで、5の卵液は火の近くの暖かい場所に置いておく。

9 火を止め、ニンニクオイルと白ワインを入れる。

10 パスタをゆでる。ゆで上がる数分前に9のフライパンを火にかける。湯切りしたパスタを入れて、炒め合わせる。

3　フライパンを傾けてオリーブオイルをごく少量入れ、切ったグアンチャーレを入れて弱火にかけ、熱で脂が溶け出て肉がカリカリになるまで脂を出しつくす。

4　半分くらい炒めた状態。ここからもっとカリカリになるまで炒める。

7　グアンチャーレの脂が抜けてカリカリになった。

8　フライパンに溜まったグアンチャーレの脂は、全部使うとカルボナーラの味が重くなりすぎるので、半分をボウルに出して取り除く。

11　火を止めてから、5の卵液を入れて混ぜ合わせる。

12　再度フライパンを弱火にかけ、加熱しながら混ぜる。トロッとしてきたら出来上がり。皿に盛り、上にパルミジャーノと黒胡椒をたっぷりとかける。

煮豚の包みパスタ（アニョロッティ・ダル・プリン）

やわらかく煮た豚のミンチを卵黄たっぷりの生地で包んだ、
シンプルで美味しいパスタ。
もっちりした食感が楽しく、セージバターと黒胡椒の香りが食欲をそそる。

調理のポイント

そのまま食べても美味しい豚肩ロースのサフラン煮（p.126）を、ミンチにしてパスタの具に使った。北イタリアでは家庭でもリストランテでもよく作られている。

豚肉の煮汁を、ミンチやセージバターの水分調整に活用し、全体を豚肉のうま味でまとめ上げる。

材料（作りやすい分量）

パスタに包むミンチ種
- 豚肩ロースのサフラン煮（p.126） ― 200g
- ソフリット ― 大さじ1
- ペコリーノ・ロマーノ ― 5g
- 豚の煮汁 ― 大さじ1（15ml）
- 黒胡椒 ― 適量

パスタの生地
- 強力粉 ― 280g
- セモリナ粉 ― 100g
- 卵黄 ― 4個分
- 全卵 ― 2.5個
  （卵黄と全卵を合わせて210gにする）
- オリーブオイル ― 5g
- 塩 ― 5g

- セージ ― ひと枝
- バター ― 20g

工程

❶ パスタ生地を作って寝かせる（半日以上）
❷ 豚肩ロースのサフラン煮をミンチにする
❸ ソフリットなどを混ぜてミンチ種を作る
❹ のばしたパスタ生地にミンチ種を乗せて包む
❺ 包みパスタをゆでる
❻ ゆでたパスタにセージバターをからめる

調理前

調理後

プロセス PROCESS

1 豚肩ロースのサフラン煮（作った翌日以降がしっとりしてよい）を、挽き肉メーカーに入る大きさに切る。

2 挽き肉メーカーでミンチにする。

5 ミンチ種ができた。

6 ミンチ種を包むパスタ生地を成形する。パスタ生地は、材料を全部フードプロセッサーで混ぜ合わせ、手でよくこね、半日以上寝かせたものを使う。

9 指が透けるくらいの薄さまでのばし、幅15cmくらいに切る。

10 生地の上に、小さじ1杯分のミンチ種を丸めて、3cmほどの等間隔で置いていく。

3 ソフリットを混ぜ、豚の煮汁でやわらかさを調整する（やわらかさは餃子の肉種くらいが目安）。

4 黒胡椒とペコリーノ・ロマーノを加え、なめらかになるまで混ぜ合わせる。

7 作業台にセモリナ粉（粒が大きくパスタ生地がくっつきにくい）を振って生地を乗せ、麺棒でパスタマシーンに入れられる薄さまでのばす。

8 生地をパスタマシーンに何度もかけて薄くのばしていく。

11 上から霧吹きで水をスプレーし（くっつきやすくするため）、パスタ生地を折り返して両端を包む。

12 ミンチ種の両端を閉じるように、包丁の刃先でカットする。

13　上側の生地を折ってかぶせ、カットした両端を指でつまんで形を整える。

14　塩をひとつかみ入れて湯を沸かし、包みパスタを入れて3分間ほどゆでる。

15　フライパンにセージとバターを入れて火にかけ、セージの爽やかな香りをバターに移す。

16　豚の煮汁を加えて味を調整する。必要な場合は塩を足す。

Chef's Tips
煮汁には豚肉のいい出汁が出ているので、これを加えて味を決めます。豚肉の種を包んだパスタと煮汁の出汁が調和して、なんともいい味わいに。

17　ゆで上がったパスタに、フライパンのセージバターをからめる。

18　でき上がり。皿に盛り、黒胡椒をかけて完成。

情報編

高山いさ己 ミニヒストリー

The Biography & Chronology
of
Chef Isami Takayama

「カルネヤ」「カルネヤ サノマンズ」「si.si. 煮干啖（シシ ニボタン）」の
3店舗を経営する高山いさ己氏。
同氏の「老舗の焼肉店の次男」というバックグラウンドは有名だが、
彼がなぜ、どのように料理人を志して現在に至ったのかという足跡は、
それほど知られてはいないだろう。
料理の世界への第一歩となった小さなフランス料理店時代から、
イタリアでの料理修行、神楽坂「カルネヤ」の開店から今日までを、
本人のコメントを織り交えながら概観する。

10代
in his teens

- **浅草の焼肉店に生まれ、週に6日肉を食べて育つ**
    毎日おかずは「肉」。タレや副菜、
    焼き方などに「ひと工夫して美味しく食べる」
    「飽きないよう変化を付ける」技を、この頃から日々研究していた。

- **社会科の授業で知った"貝塚"に衝撃を受ける**
    「食べるって何だろう？」
    「そんな大昔にも料理ってあったのかな？」と、
    食に対して尽きない興味が湧いた。

- **将来の進路を考え始める**
    進路を漠然と考え始め、食文化の研究者や、
    フードジャーナリストになりたいと志望するように。

- **「食べる人を喜ばせる仕事がしたい」と思い立つ**
    「物書きもいいけど、目の前のお客さんを
    料理で喜ばせられる仕事がいいな」と
    進路の志望が突如変わった。

- **雇ってもらえる料理店を探し始める**
    高校卒業を控え、就職したい飲食店を探すため、
    グルメな母親と50軒以上の店を食べ歩いた。

- **都内の小さなフレンチレストランに就職**
    「料理を学んだことがない自分を雇ってくれるのは
    小さな店」と狙いを絞り、プロの料理の世界へ。

Photo／Kitchen Minoru

——それぞれ追求するものや「売り」が違うシェフたちを、修行中に見てきた。
"料理"主義、"素材"主義、"接客"主義……。
自分は何を追求したい？ と自問したとき、
「素材と料理、どっちもだ」と思った。

20代 in his 20s

── 1年でシェフの料理をほぼ覚える
「勉強家で実直な"料理"主義のシェフでした」。
このシェフのもとで、フレンチの技法の基本を会得。

── 4年でレストランの仕事全部をひと通り覚える
同僚が次々に辞めていくなか、
器用さを活かして小さな店で全方位的に活躍。
シェフの右腕的な存在に。

── 腕試ししたくなり、都内の有名店に移籍
「シェフは前の店とは対照的に"素材"主義。
最高級の肉を触って『いい素材はやっぱりいい』と感動しました」。

── 新店舗（イタリアン）の料理長に立候補
「他に立候補する人がいなかったから」だが、
周囲は自分より技術の高い職人ばかり。
厨房を束ねられず、逆風に直面。

── 料理の武者修行のため、イタリアへ
「自分には料理長は時期尚早だった、出直しだ」と、
本場イタリアでの修行を決意。
すでに妻子がいたが「本気なら頑張って」と送り出された。

── 本場のイタリアで料理に打ち込む
ツテをたどって、ローマ近郊の田舎町のレストランに就職。
「町の住人がみんな来る店」でスーシェフ（副料理長）として
料理を作り続ける。

── イタリア食文化の神髄に触れる
「いい店では客や店員が気分よく会話して、
美味しい料理と酒を囲んでいい時間を過ごす。
誰もがそれを日々大切に続けている。
いい料理店はどんなものなのかを学びました」。

── 意に反して帰国
当時のイタリア政権が外国人に厳しく、
就労ビザが取れずに1年で帰国。
「永住して家族も呼び寄せるつもりだったんですが、これも運命かと」。
未練はなかった。

── 再び東京のイタリアンへ
複数のレストランでシェフを歴任しつつ、開業資金を貯めた。
「この時期は接客やスタッフ教育、
ハコ（店の立地・建物など）の重要性を考えさせられました」。

30代
in his 30s

- **「あわや」という交通事故に遭う**
  当時シェフを勤めていた店が、
  立地の悪さから開店1年で閉店に。
  何ができるかと眠れずに思い悩んでいたある日、
  バイクでトラックに突っ込んでしまうが、
  体は車に接触せず奇跡的に軽傷で済んだ。

- **独立・開業を決意**
  事故もきっかけとなり
  「やりたいことをやる時間は"今"しかないんだな、と」
  独立・開業を決意。
  店舗探しを後にマネジャーとなる塚本氏と始める。

- **神楽坂に「カルネヤ」をオープン**
  何気なく内覧した空き店舗は、
  人通りが少ない場所の元レンタルビデオ店。
  当時はボロボロで
  「ここだけは止めましょう」と塚本氏に懇願されるが
  「運命を感じ」決断。

- **短期間で「人気店」に**
  「美味しい肉をイタリア料理の技法で食べさせる」という
  斬新なコンセプトの同店が登場すると
  「肉ブーム」にも後押しされ、
  メディアから引っ張りだこの予約困難店に。

――店を持とうと決めたとき、立派な経歴や知名度など、後ろだてには何もなかった。自分のなかにあるものだけで勝負しよう、と自分を見つめ直したら「50年続く焼肉屋のせがれ」「肉なら誰よりもわかる」という自分が見えてきた。

> ——フランスのことわざに
> 「運は冒険するものを助ける」
> というものがある。
> 僕はその言葉に
> とても勇気づけられてきた。
> その言葉に背中を押され、
> 今もたくさんのチャレンジをしています。

40代
in his 40s

- **六本木に「カルネヤ サノマンズ」をオープン**
  神楽坂カルネヤは肉イタリアンの名店として評価が確立。
  8年後、肉卸の「さの萬」とのコラボで、
  熟成牛（DAB）のスタイリッシュな店を開店。
  こちらも人気店に。

- **日本橋に「si.si. 煮干啖」をオープン**
  「カルネヤ サノマンズ」開店からさらに3年後、
  3店舗目としてリリースしたのは、
  意表を衝く「煮干しパスタの店」。
  毎日お昼時のビジネス街に行列が長く延びる。

そして今後
from now on...

「10年後、20年後は何をしていそう？」と高山氏に尋ねると、
「『一生料理人！』といいたい気持ちもあるし、それと同時に
経営者も続けていたい」という答が返ってきた。
これからも意外性に富むスタイルで、
様々な魅力的な「料理」と「食を楽しめる場」をつくり
提供してゆくのだろう。
もちろん同氏のアイデンティティの核にある「肉」は、
常にそのメインテーマであり続けるに違いない。

高山シェフの
キラーメニュー開発室

肉料理、そして肉料理店をつくるとき、
いい肉をどうやって
「客を惹き付けるキラーメニュー」として生み出し
成立させるかに、料理人の実力が問われる。
そんなときの疑問や悩みに対して、
「骨の髄まで料理人」であると同時に
「結構シビアな経営者」でもある高山シェフが
ズバッと回答。
ぜひ参考にしていただきたい。

Q1
肉のトリミングや整形時に出るクズ肉がもったいないんですが……。

A いい肉はお値段もいいから、無駄なく使い切りたいものです。うちの店では、**半端な肉はブロード（出汁）を取る**ほか、挽き肉にしてラグーを作ったり、スタッフのまかない用の「肉吸い」[※1]やカレーなどを作ったりして使い切っています。

ブロードを取っておけば、料理の味のベースとして多用途に使えます。下処理で取り除いた骨も焼いてから入れると、いい出汁が取れますよ。[※2]

※1 関西風のうどんつゆに牛肉の薄切りを入れた肉の吸い物。大阪のうどん屋「千とせ」が発祥といわれる。
※2「仔羊モモ肉の煮込み」（p.100）参照。

ブロードの作り方

1 材料は、和牛や熟成牛のクズ肉（切れ端）1kgと、野菜（トマト、セロリ、玉ネギ、ニンニク）を小ボウル1杯分。肉は適当な量がたまるまで冷凍しておいてもよい。

2 鍋に肉と水8Lを入れて火にかけ、沸騰しそうになったら野菜を入れる。

3 野菜を入れてから150分間、中火で煮る。

4 アクは一度だけ取る。150分間煮たら火を止め、裏ごしして冷蔵か冷凍で保存する。

Q2 店の「看板料理」は、どうすれば生み出せますか?

A 流行りの言葉で言うと**「シグニチャーフード」**ですね。それを成立させるには、ある意味でのしつこさ、「自分はコレだ」と決めたらやり続けるという持続力が要ると思います。少なくとも2〜3年は作り続けてみる。自分が正しいかどうかはあまり気にしすぎなくていい。誰もオーダーしてくれなければ、2〜3年後に気付くはずです（笑）。

僕が好きな店のシグニチャーフードを思い出すと、その店のシェフが、**良い意味でエゴイスティック**に「自分が作りたい皿を作っている」感じがする。

それとは真逆のベクトルで、お客の喜ぶこと、欲していることに応えているうちに、シグニチャーフードが生まれることもあります。うちの店の肉盛り、「カルネヤ・オールスターズ」は後者の方です。色々な種類・部位の肉を炭火焼きにしてひと皿に盛り合わせたもので、お客のニーズから生まれました。

ある日、よく食べる若い男性客が「和牛と熟成牛、ハラミ、鴨を食べてみたいけど、一人で全部は食べられないし」と悩んでいた。そのときはちょうど他のお客からそれらの肉のオーダーが入っていたので「150gずつ全部盛り合わせようか」と提案して出したら、ものすごく喜んでくれた。そのとき**「あ、これ盛り上がるな」「利益が出るメニューだな」**とピンと来た。ひょんなことから、お客にも自分にも理想的な皿が湧いて出た（笑）。その後取材がある度に「カルネヤ・オールスターズ」と名付けたこの盛り合わせを推していったら、ネーミングも良かったらしく、あっという間に広まってくれました。こんな風に**お客様目線**を追求していっても、シグニチャーフードはつくれると思います。

あと大事なのは、**きちんと原価率を考えること**。店の看板になるシグニチャーフードであれば、ちゃんと儲かる商品にするべきです。料理人は、自分を表現する皿にはコストは度外視したくなるものですが、売りたいメニューがいっぱい売れても大して儲からなければ、意味がないですからね。

Q3 うちのメニューは、なんだか代わり映えせず、面白みもない気がします。ブラッシュアップするにはどうすればいいですか?

A **「どうすれば、お客がもっと楽しく過ごせるようになるか?」**という方向で、アイディアを出してみたらどうでしょう。

例えばうちの店でこんなことがありました。仕入れたトリッパをどう調理するかをスタッフに聞いてみたら「定番だし、トマト煮に」と言う。確かにトリッパのトマト煮は定番で美味しいですが、味が濃い目でワインは赤じゃないと合わせにくい。でも白煮なら白でもロゼでもよく合う。最初は白ワインと一緒に前菜を色々オーダーして、それから赤ワインに替えて肉を頼みたいという流れでは、前菜としてのトリッパは、白煮の方が**オーダーの自由度が高くなる**わけです。実際、うちの常連さんたちは皆よく飲むので、白煮が人気。

お客の顔を思い浮かべて、今のメニューを少しアレンジしてみるだけでも、面白くなると思いますよ。

Q4 うちの店がある地域には、平均点以上の店が群雄割拠。生き残れる店にするには、どうすればいいでしょう？

A 「シグニチャーフード」づくりもそうですが、「いかにオンリーワンなものをつくるか」、他と差別化するかという問題ですね。それには特定のジャンルで1位になるか、そうでなければ「他にはないコンセプト」をつくるかです。

自分が独立・開業する際は、**どこが自分の武器になるかを**、とことん突き詰めて考えました。自分に知名度も、シェフとしてすごい経歴があるわけでもない。でも「焼肉屋に生まれ育ち、週6で牛肉を食べ込んでいた」「フレンチとイタリアンで料理修行をした」というバックグラウンドは、他の人にはない自分だけのものだった。その自分をさらけ出して、**ナンバーワンになれないならオンリーワン**のお店を作ればいいと考えたのです。その頃は肉料理「も」出すレストランは多かったですが、肉料理だけに特化したレストランはほぼ皆無。肉ブームにも後押しされ、「イタリアンの肉料理店」というコンセプトはすぐに受け入れられました。

美味しい「料理」を作る料理人は山ほどいますが、**美味しい「コンセプト」を作る料理人は、残念ながらとても少ない**と思います。料理人のみなさんには、美味しい料理はもとより、美味しいコンセプトを作ることも目標にしてもらいたいですね。だって、僕はよそのレストランでの食事や、人との出会いがとても好きだから。美味しいコンセプトがある店は、美味しい料理を作るヒントにも出逢わせてくれます。そんなお店には、ぜひ出かけて食事がしたいですね。

Q5 「si.si.煮干啖」の煮干し風味のパスタなど、高山シェフの発想には驚かされます。どうすればキラーメニューを次々に生み出せるのですか？

A 「**必要は発明の母**」というか、「これ、どうしたらいいかな」と思うことが、発想の種になります。元々カルネヤでは、出汁を取る際の隠し味に煮干しを使っていて、使わない頭とワタ（内臓）が大量にあった。それを試しにフレークにしてみたら美味しかった。「煮干しってうま味のかたまり。チーズと同じだな」「チーズと同じなら、これでパスタ作れるじゃないか！」と**連想がつながった**わけです。それで作ってみたら美味しかったので、あれこれ試算してみて、店をつくってみるかということになりました。

でも誤解があるようですが、キラーメニューだけを生み出せているわけではありません。メニューに載せている料理のざっと100倍の数を試作しては、「満足できるレベルではない」と切り捨ててきました。日の目を見なかった**お蔵入り料理は山ほどあります**。メニューに載せている時点で、自分にとってスター選手級なのです。

だからお客様にはお願いだから、「この店のおススメは？」とは聞かないでほしいですね（笑）。全部がおススメなんですから！

肉と食材の仕入れ先リスト

「カルネヤ」で使っている食材(一部)は下記の会社・店から仕入れている。味や品質は高山氏が高く評価するものだ。興味のある場合や購入希望の場合、まずはwebサイトなどで詳細を確認し、電話やメールで問い合わせを。

	品名	社名／店名	高山氏のコメント
牛肉	短角牛	きむら	「好みの肉質の短角牛が手に入る」
	黒毛和牛	小島商店	「1000日越え肥育の、うま味のある和牛が手に入る。ローストなどに」
	熟成牛(和牛)	マルヨシ商事	「枝でしっかりと枯らした熟成牛。うま味と香りがすばらしい」
	熟成牛(熊本あか牛)	マース	「経産牛のあか牛のDAB(サーロイン、ランプ、内モモ、シンタマ)が入手できる」
	熟成牛(ホルスタイン)	さの萬	「年間を通して安定的に、ハイクオリティなDABが手に入る。炭火焼やローストに」
豚肉	萬幻豚	さの萬	「通常より長く育てた豚で、PH値が安定して肉のうま味が濃く、脂の甘さも際立っている」
	白金豚	きむら	「個人的に好みの、水分が多めの豚でふっくら焼き上がる」
羊肉	ラム(オーストラリア産)	ロゴスフード	「品質が安定していて使いやすい」
	ラム(フランス・シストロン産)	ノーザンエクスプレス	「味が濃い。高級だが別格の味わい」
鶏肉、鴨肉	天草大王、ホロホロ鳥	マース	「熊本県で天草大王とホロホロ鳥を生産している。うまい」
	シャラン鴨	ノーザンエクスプレス	「大ぶりで肉質がよい。味もクリア。ローストや炭火焼きに」
	合鴨	鴨重	「合鴨らしい甘みと脂のうまさがある。塩漬けハムやポトフ等に」
内臓(モツ)	トリッパ	上野肉店	「いい状態のものをランダムに仕入れている」
	トリッパ	きむら	(同上)
	タン、トリッパ	ロゴスフード	(同上)
野菜、果物	野菜、卵	みどりショップ	「ルッコラや卵が最高」
その他	チーズ(イタリア産)	レクリューズ	「パルミジャーノ、ペコリーノ、グラナ・パダーノ等、チーズ全般が◯」

問い合わせ先

社名／店名(50音順)	所在地	webサイト(ない場合は電話番号)
上野肉店	東京都台東区	http://www.guidenet.jp/shop/1440/
鴨重	奈良県御所市	https://www.aigamo.net/
きむら	岩手県花巻市	TEL：0198-21-3877
小島商店	東京都葛飾区	https://kojima-shoten.com/
さの萬	静岡県富士宮市	https://www.sanoman.net/
ノーザンエクスプレス	東京都品川区	https://www.rakuten.co.jp/tokyo468syokuzai/
マース	熊本県上益城郡	https://mars-farmq.jp/products/chikuniku/
マルヨシ商事	千葉県浦安市	http://wagyu-maruyoshi.co.jp/beef.html
みどりショップ	東京都台東区	https://ja-jp.facebook.com/midorishoptokyo
レクリューズ	東京都新宿区	http://www.lecruse.com/
ロゴスフード	東京都練馬区	TEL：03-5399-1944

あとがき

　料理の世界に入って2年ほど経った二十歳の頃。『皿の上に、僕がある』という料理本（三國清三氏の著書）を手にして「That's all」以外の言葉が見当たらないくらいそのタイトルに打ちのめされたような気持ちになり、畏敬の念を抱きました。
　人生を料理に捧げている姿勢と、「この皿、この料理が自分だ！」という責任感と誇りを、この本から読み取ることができるからです。「僕もこういう気概で料理をやっていこう」と、そのとき決意しました。

　今回光栄なことに、僕も料理本を出す機会に恵まれました。
　僕には「頭でっかち人間」と「骨の髄まで料理人」という2つの気質が共存しています。料理やレシピを公開するにあたり「ついに自分をさらけ出すときが来たか……」「はたしてどちらの自分が出るのかなあ？」と、自分自身に対する期待と不安の両方を感じましたが、料理を皿に盛り付けてお出ししたときのお客様の顔を想像しながら、60〜70種類の料理を考えました。
　このときのお客様は、特定の方ではなく「エアお客様」です。僕には、一人だけのときに心の中で対話する、想像上の「エア親友」や「エア飲み友達」もいるのです（笑）。
　そして「エアお客様」が喜んだり驚いたりしてくださった26個のメニューを厳選して、紹介させていただくことにしました。
　一生懸命考えて作った料理とレシピの数々です。肉料理に興味のあるたくさんの方々の目にとまれば、幸いです。

　今回は肉料理にフォーカスした本になりましたが、魚や野菜を材料としてアレンジできる調理法やレシピもあります。そのまま肉料理のレシピとして使ってもらえたらもちろん嬉しいですし、読んでくださった方が料理のヒントを得る情報源のひとつに、この本を加えてもらえたら最高ですね。
　読んでくださった方がプロの料理人の方なら「自分ならこうするな」というコメントやアドバイスを、サービス担当の方なら「私ならこの皿をサーブしたい」というような感想も、もしいただけたなら幸いです。

最後に。
　2007年10月の「カルネヤ」のオープン以来、長い間支えてくださっているお客様、本当にありがとうございます。そして支えてくれているスタッフたち、本当にありがとう。
　店休日なのに調理補助に来てくれたスタッフたち、とても助かりました。撮影後に一緒に飲みや食事に行って、色々話ができたのも楽しい思い出です。
　皆さんが支えてくれたおかげで、こんなに長い間お肉を焼き続けることができ、本を出版することもできました。
　本当にありがとうございます。

　今後について思うのは、愛するお肉を一生食べられる、元気のある自分でいたいということ。そして、畜産が安定している社会が存続していてほしいということです。
　そのために自分にできることがあればやっていきたいと思っています。至らない点もあるかと思いますが、この本が多くのみなさんの目に触れ、何かのきっかけになればいいなと思います。

　これからもどうぞ「よろにく」お願いします。
　Mangiamo Carne!（肉喰おうぜ！）

2019年2月

高山いさ己

高山いさ己[たかやま・いさみ]

肉専門のイタリアン「カルネヤ」「カルネヤ サノマンズ」とパスタ店「si.si. 煮干啖（シシ ニボタン）」のオーナーシェフ。浅草の老舗焼肉店の次男として誕生。幼少期に週6日焼肉を食べて成長。18歳から料理の道を志す。2002年に渡伊。都内数店でシェフを務めた後、2007年、神楽坂に「カルネヤ」開業。2015年、熟成肉の卸・さの萬と熟成肉料理店「カルネヤ サノマンズ」を共同開業。「キッチンが走る！」などメディア出演や取材多数。

カルネヤ
東京都新宿区南山伏町3-6 市谷NHビル1階
電話：03-5228-3611　http://www.carneya.net/

● STAFF
企画・編集・スタイリング：和田真由子
撮影：野口健志
ブックデザイン：松田行正 ＋ 日向麻梨子（マツダオフィス）
イラスト：楠木雪野
画像提供：Kitchen Minoru（p.198 富味屋）
料理アシスタント：Takeshi Naganuma、藤山明日香
校正：安久都淳子

● 主な参考資料
webサイト
・農林水産省（和牛肉の製品ガイドブック）
　http://www.maff.go.jp/j/chikusan/shokuniku/pdf/full_japan_1.pdf
・農林水産省（広報誌「aff」和牛特集号）
　http://www.maff.go.jp/j/pr/aff/index_1608.html
・一般社団法人 全国肉用牛振興基金協会（肉用牛豆知識）
　https://nbafa.or.jp/index.html
・一般社団法人 日本養豚協会
　http://www.jppa.biz/shiritai.html
・公益社団法人 畜産技術協会
　http://jlta.lin.gr.jp/sheepandgoat/index.html
・一般社団法人 日本食鳥協会
　http://www.j-chicken.jp/anshin/guide.html
・ニッポンハム（もっと知りたい！お肉のこと）
　https://www.nipponham.co.jp/recipes/meat/knowledge/

書籍
・完全理解 熟成肉バイブル／柴田書店／2017年
・FOOD DICTIONARY 肉／枻出版社／2017年
・プロのための肉料理大事典／ニコラ・フレッチャー／誠文堂新光社／2016年
・プロのための牛肉＆豚肉 料理百科／柴田書店／2011年
・牛肉料理大全／旭屋出版／2010年

カルネヤ流 肉の魅力を引き出すアイデアと技術。
下処理、火入れ、熟成肉まで

イタリア肉料理の発想と組み立て

NDC596

2019年3月14日　発　行

著　者	高山いさ己	
発行者	小川雄一	
発行所	株式会社 誠文堂新光社	
	〒113-0033 東京都文京区本郷3-3-11	
	編集 03-5805-7762	
	販売 03-5800-5780	
	http://www.seibundo-shinkosha.net/	
印刷・製本	図書印刷 株式会社	

©2019, Isami Takayama. Printed in Japan
検印省略。落丁・乱丁本はお取り替え致します。

本書のコピー、スキャン、デジタル化等の無断複製は、著作権法上での例外を除き、禁じられています。
本書を代行業者等の第三者に依頼してスキャンやデジタル化することは、たとえ個人や家庭内での利用であっても著作権法上認められません。
本書に掲載された記事の著作権は著者に帰属します。これらを無断で使用し、展示・販売・レンタル・講習会等を行うことを禁じます。

JCOPY〈(一社) 出版者著作権管理機構 委託出版物〉
本書を無断で複製複写（コピー）することは、著作権法上での例外を除き、禁じられています。
本書をコピーされる場合は、そのつど事前に、(一社) 出版者著作権管理機構（電話 03-5244-5088／FAX 03-5244-5089／e-mail: info@jcopy.or.jp）の許諾を得てください。

ISBN978-4-416-51974-5